本书获国家社会科学基金项目
"经济新常态下中国生产性服务业与制造业协同演化机理与对策研究"
（项目编号：16CJL027）资助

生产性服务业
与
制造业绿色协同演化研究

Research on the Green Collaborative Evolution of
Productive Service Industry
and
Manufacturing Industry

夏　青　聂晓培　著

社会科学文献出版社
SOCIAL SCIENCES ACADEMIC PRESS (CHINA)

摘　要

从 2013 年开始，中国经济发展进入转型时期，经济增速由高速向中高速转变，由追求经济发展的速度向追求经济发展的质量转变，结构优化调整更加深化。2015 年，党的十八届五中全会召开，鲜明提出了"创新、协调、绿色、开放、共享"的新发展理念，产业结构的优化调整进入深化期，服务业在国民经济中的地位成为结构优化的主要方向，尤其是生产性服务业。本书从生产性服务业的来源与内涵入手，针对新发展理念中的"绿色""协调"，采用绿色协同发展的视角，探索生产性服务业与制造业协同演化的机制与路径。

首先，本书回顾了我国产业结构演进的历史进程，结合产业结构分工理论，剖析了我国产业结构演进的独特规律。在此基础上，以碳排放为产业发展的非期望产出，通过构建 SBM-GML 模型对我国生产性服务业与制造业的绿色发展现状进行了评价，发现了我国生产性服务业与制造业绿色发展不平衡的特征。结合超效率 DEA 模型和空间计量模型，对生产性服务业与制造业绿色发展的潜力进行了进一步的评估，确定了生产性服务业与制造业绿色发展的影响因素。

其次，根据柯布-道格拉斯生产函数，生产性服务业与制造业是社会化分工的结果，二者在产业价值链上具有协同发展的必然性。因此，本书在进行专业分工和价值链关联关系理论研究的基础上，对产业结构的层级关系特征进行了研究，确定了生产性服务业与制造业在我国产业结构中的地位，并分别利用耦合协调度模型和协同集聚指数对生产性服务业与制造业的协同发展程度进行了评价与测量。然后，进一步结合耗散结构理论和共生理论，对生产性服务业与制造业的协同演化机制进行深入的阐述与讨论，确立了生产性服务业与制造业协同发展的基本模式，通过产业关联关系的测量与分析，验证了生产性服务业与制造业之间存在非对称性互惠共生关系。

再次，本书进一步引入自组织理论中的哈肯模型，对生产性服务业与制造业协同演化的规律和趋势进行了剖析和验证，确定了经济发展水平是生产性服务业与制造业复杂系统的序参量，在生产性服务业与制造业复杂系统协同演化中起决定性作用。

最后，本书构建了生产性服务业与制造业绿色协同演化的系统动力学模型，对生产性服务业与制造业的绿色协同演化路径进行了仿真分析，并针对不同影响因素对其绿色协同演化的影响进行了情景分析。

根据上述研究成果，本书认为，生产性服务业与制造业的绿色协同演化是我国贯彻新发展理念的必然要求，为实现这一目标，本书提出了对应的政策建议。

目　录

第1章 绪论

1.1 研究背景

随着全球化进程的加快，货物贸易逐渐非物质化，服务贸易的重要性日益增加①，经济呈现出由"工业经济"向"服务经济"的转变，服务业在国民经济中的地位日益显著。根据工业化阶段理论和配第-克拉克定理，发达经济阶段，服务业会超过制造业成为对经济增长贡献最大的部门，工业化后期，知识密集型服务业开始占据主导地位，产业结构最终会表现为"三二一"的特征。②

从经济发展阶段特征来看，经济服务化是社会发展与产业结构转型的必然趋势。经济服务化的一大特点是：服务业增加值占 GDP 的比重显著上升，生产性服务业占服务业的比重显著上升。富克斯（Fuchs）于 1968 年首次提出服务经济这一概念，他在《服务经济学》一书中指出，如果服务业增加值占 GDP 的比重超过 50%，同时服务业就业人口占全部就业人口的比重超过 50%，就会形成服务经济形态。③尽管目前学术界对进入经济服务化时代提出了各种判断标准，

---

① Subramanian, A., Kessler, M., "The Hyper-globalization of Trade and Its Future", Peterson Institute for International Economics Working Paper, 2013, No. WP13-7.

② 邵骏、张捷：《产业结构服务化进程中的制度因素研究——基于全球 27 个新兴工业化国家面板数据的比较分析》，《产经评论》2014 年第 2 期。

③ Fuchs, V. R., *The Service Economy*, New York: National Bureauof Economic Research, 1968.

但以增加值占比和就业占比作为判断经济服务化的核心标准，似乎没有太大争议，其他各种标准总体上是对此核心标准的补充。目前，发达国家服务业在国民经济中的地位可以用"四个70%"来概括：服务业增加值占 GDP 的 70% 左右，服务业从业人员占社会总就业人员的 70% 以上，经济增长的 70% 来自服务业增长，生产性服务业占服务业的比重达到 70%。[①] 根据这个标准来判断，美国在 1953 年工业比重和工业就业比重就已经开始由升转降，服务业增长进入加速期，可以认定美国的经济服务化开始于 1953 年；日本的第二产业的增加值和就业比重在 20 世纪 50 年代至 70 年代实现了快速增长，1970 年日本工业增加值比重达到 43.13%，随后逐步下降，而服务业比重加速增长，1973 年服务业的就业比重接近 50%，在此之前服务业增加值比重已经超过 50%，自此日本进入经济服务化阶段。[②]

我国在 21 世纪初提出了"现代服务业"概念，将社会公共服务业、生活性服务业和生产性服务业看作现代服务业的三大构成部分。其中，生产性服务业是相对于生活性服务业而言，为企业提供中间服务并促进最终产成品生产的、非直接面向消费者的服务业。生产性服务业是未来经济产业发展的趋势，是产业结构升级的重要内容。一般认为，生产性服务业是制造业分工的结果，制造业在专业化分工过程中，更为关注自身的核心价值与核心竞争力，将与核心价值创造无关的业务剥离出来，形成服务外包，服务类业务逐渐从制造业中独立出来，形成专门的生产性服务部门。随着独立的生产性服务部门不断细化，其专业化程度也不断提高，反过来向传统制造业提供智力支撑，促进制造业转型升级。制造业的发展又不断地对生产性服务业提出新需求，不断帮助生产性服务业拓宽市场。如此循

---

① 王燕、吴蒙：《我国是否已进入经济服务化时代——判断标准及目前所处阶段》，《经济问题》2016 年第 2 期。

② 刘志彪：《全面深化改革推动服务业进入现代增长轨道》，《天津社会科学》2015 年第 1 期。

环，两者之间逐渐形成协同发展的趋势。

改革开放以来，中国的制造业取得了举世瞩目的成就，2010 年中国取代美国成为世界第一制造业大国，2020 年制造业增加值占世界的份额达 28.5%，较 2012 年提升 6.2 个百分点，连续多年稳居世界第一。[①] 目前，制造业仍是中国经济增长的主要动力源。同时，自 2011 年开始，中国经济增速持续下降，过去高速经济增长模式下积累的矛盾和风险逐步凸显，经济发展开始展现出新特征：经济增长速度放缓，出口需求大幅下降，制造业全面产能过剩，服务业发展速度超过制造业。中国服务业占 GDP 的比重在 2013 年首次超过工业达到 46.1%，2014 年达到 48.2%，2015 年达到 50.5%，占据了半壁江山，从增加值结构来看，已经形成了"三二一"的格局。服务业就业人员占全部就业人员的比重，2011 年达到 35.7%，首次超过工业和农业跃居第一位，2012 年为 36.1%，2013 年为 38.5%，2014 年为 40.6%，2015 年达到 42.4%，每年差不多以 2 个百分点持续攀升。[②] 无论是从从业人数、资产还是从营业收入上看，服务业占比都显示出很大优势，说明我国服务业的地位有了显著提升。2012 ~ 2018 年，服务业增加值年均增长 7.9%，高于 GDP 年均增速，也高于第二产业年均增速，服务业对 GDP 增长的贡献率也呈现加速上升趋势，2018 年，服务业对 GDP 增长的贡献率达到了 59.7%，比第二产业高出了 23.6 个百分点，即使存在所谓服务业发展的"中国悖论"[③]，中国经济服务化的趋势仍然是很明显的，可以认为中国已经开始步入工业经济向服务经济转型的初期阶段。

---

① 《工业实力持续增强 转型升级成效明显——党的十八大以来经济社会发展成就系列报告之三》，国家统计局官网，2022 年 9 月 15 日，https://www.stats.gov.cn/xxgk/jd/sjjd2020/202209/t20220915_1888243.html?eqid=84408f3200020dc40000000364634a75v。

② 中华人民共和国国家统计局编《中国统计年鉴 2016》，中国统计出版社，2016。

③ 高传胜、汪德华、李善同：《经济服务化的世界趋势与中国悖论：基于 WDI 数据的现代实证研究》，《财贸经济》2008 年第 3 期。

随着经济高质量发展的提出，中国经济步入工业化后期，进入了由高速增长转为中高速增长的减速换档期、经济结构优化升级的结构调整期和要素投资驱动转为创新驱动的动力转换期，经济发展以质量和效益为中心，中高速增长成为常态，经济发展动力转向创新驱动，告别了传统的粗放式增长模式，向高效率、低成本、可持续的增长方式迈进。

根据产业结构演进规律，在经济服务化过程中，生产性服务业与制造业融合将成为产业结构的显著特征，成为产业结构转型升级的重要方式。2007年，国务院发布的《关于加快发展服务业的若干意见》中提出，"大力发展面向生产的服务业，促进现代制造业与服务业有机融合、互动发展"。2015年，国务院明确提出"积极发展服务型制造和生产性服务业。加快制造与服务的协同发展，推动商业模式创新和业态创新，促进生产型制造向服务型制造转变。大力发展与制造业紧密相关的生产性服务业"。2016年，国家发展改革委发布的《服务经济创新发展大纲（2016—2025年）》（征求意见稿）提出，"充分发挥制造业对服务经济发展的基础作用，有序推动服务与制造双向融合，促进有条件的制造企业由生产型向生产服务型转变、服务企业向制造环节延伸"。可以看出，促进生产性服务业发展，推动生产性服务业与制造业协调发展已经上升到国家战略高度。

虽然对于促进生产性服务业发展，提升制造业发展质量的呼声已经有多年，但是我国以制造业加工为主的局面并未得到根本改变，制造业发展中服务要素的比重仍然较低，制造业仍处于"微笑曲线"的底端，金融、商业咨询、研发、品牌等生产性服务要素在制造业发展中起到的作用仍不明显，生产性服务业与制造业的协同发展仍是未来的长期发展要求。

随着供给侧结构性改革的深入推进和"创新、协调、绿色、开放、共享"新发展理念的提出，高效、创新、绿色发展等约束对生产性服务业和制造业的影响日趋显著。党的十八大报告也首次把生态文明建设摆在突出位置，将绿色发展单独成篇，明确要积极应对全球气候变化、摆脱资源环境约束、突破发展瓶颈，实现产业结构优化升级和经济发展方式的根本转变，走绿色发展道路。因此，在新的发展环境下，绿色可持续是产业结构调整、产业发展的主导方向，也成为生产性服务业与制造业协同发展的首要目标与重要的衡量标准。

受长期经济优先的主导思想的影响，产业发展对环境的负外部性问题并未引起足够多的关注，直至近年来出现了多次大范围的雾霾等环境污染事件后，环境规制问题才开始被重视。现有针对空气污染等的研究成果，实际上尚未对造成污染的真正源头有统一的认识，普遍性的观点认为，制造业是环境污染的首要责任主体。近年来，对生产性服务业及其相关细分产业的研究发现，生产性服务业相对于传统制造业而言，是相对"绿色"的，但是随着数字经济等经济形态的发展、交通运输量和线路的增加，生产性服务业的绿色发展问题也应当被重视。

因此，本书认为，生产性服务业与制造业协同发展是产业结构优化调整、经济发展方式转变的重要内容，同时，将可持续和绿色发展理念引入生产性服务业与制造业的协同发展中也是经济高质量发展的必然要求。基于此，本书将绿色可持续发展要求充分融入生产性服务业与制造业的协同演化中，在对生产性服务业与制造业的绿色发展状态进行分析与评价的基础上，研究生产性服务业与制造业的绿色协同发展道路。

1.2　研究对象界定

考虑经济新常态下的时代要求，本书引入绿色全要素生产率作为衡量产业发展质量的标准，从评价和分析绿色全要素生产率入手来研究生产性服务业和制造业的协同发展。

（1）生产性服务业

一般认为，生产性服务业是在制造业的发展历程中，从"服务外包"这一过程分离出来的与生产相关的服务环节职能所形成的产业门类，是服务业中以制造业为主要服务对象的产业部门的统称，代表着服务业中的高级形式。价值链理论认为，生产性服务业代表着"微笑曲线"两端相对高附加价值的服务要素，是能够为制造业带来附加价值的产业。

因此，本书认为生产性服务业是具有知识、技术、信息密集等新兴特征的服务业部门，根据我国当前服务业发展的实际，具体的产业部门包括传统服务业中经过新技术、新服务方式改造提升后的行业，以及随着时代发展新兴或者新出现的行业。根据上述界定和产业分类标准，本书界定生产性服务业包括：交通运输、仓储和邮政业；信息传输、计算机服务和软件业；金融业；房地产业；租赁和商务服务业；科学研究、技术服务和地质勘查业；教育；文化、体育和娱乐业。共8个产业部门，包含多个具体的细分产业，见附录1。

（2）制造业

现有研究中，对于制造业和工业的概念往往并不严格区分。本书选择制造业来研究其与生产性服务业的关系，主要是考虑到其与生产性服务业概念的对应性。现代产业分类标准中对制造业已经有了相对统一的划分：制造业是指第二产业中除采矿业，电力、燃气及水的生产和供应业，建筑业外的所有产业部门。按照国家统计局的产业分类统计标准，共包括30个细分产业部门，具体产业部门名称见附录2。

按照国家统计局的标准产业分类方法，本书的研究范畴及其在国民经济中的产业门类区分如图 1-1 所示。

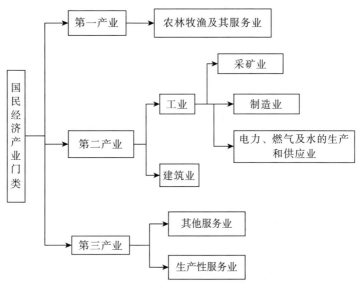

图 1-1　按标准产业分类所界定的研究范畴

1.3　数据说明

本书的研究对象主要是生产性服务业与制造业各产业部门，研究过程中所选择的指标均需基于产业层面进行数据采集，其中，涉及能源消费量、碳排放量等指标。由于涉及的产业部门较细，考虑到产业部门统计口径的变化，以及能源消费量等部分指标统计的滞后性，为保证所有章节数据分析结果的一致性，本书统一将数据采集的周期确定为 2004~2017 年。

第2章 生产性服务业与制造业绿色全要素生产率

自 2013 年我国经济发展进入新常态开始，产业发展动能由要素驱动向效率驱动和创新驱动转变，绿色可持续发展成为经济发展的主旋律。在产业层面，产业结构优化的过程中也引入了"绿色"的指标，强调经济产出与环境的互动关系。经过几十年的发展，我国的产业门类已经相对齐全，经济运行相对稳定，但从产业结构的历史变革过程来看，大多数学者均认为，我国目前仍处于工业化发展阶段，产业结构的高级化和合理化之路仍然任重而道远，产业结构由工业主导向服务业引领，由劳动密集型向资本、技术、知识密集型转变，由资源投入为主的粗放型向集约高效的集约型转变，是产业结构转型的主要任务，其中，生产性服务业的发展被认为是产业结构优化的重要方向和举措。

2.1 中国产业结构演进历程

配第-克拉克定理早就揭示了随着国民收入的提高，劳动力将沿着三次产业顺次转移，即产业结构的演进遵循着由第一产业为主导向第二产业为主导转变，最终以第三产业为主导的规律。[1] 因此，服务业是产业结构演进的高级形式早已成为学术界的公认观点。但大

---

[1] Clark, C., *The Conditions of Economic Progress*, Macmillan, 1940.

多数学者认为，第二产业中的工业对国民经济具有重要的支撑作用，且由于工业内部也包括诸多不同类型的产业部门，因此，工业内部的产业结构变化也会随着经济发展表现出一定的规律性。钱纳里等的工业化阶段理论[①]和霍夫曼的工业化经验法则[②]都对工业的结构演进特征进行了分析。他们认为，工业的结构演变遵循"轻工业—重工业"的规律，但由于历史性的客观原因，我国产业结构的演化历程与这种规律存在一定的差异性。

2.1.1　改革开放前的重工业化时期

从 1949 年新中国成立至 1978 年改革开放，是我国产业发展的第一个阶段。当时的新中国的工业体系经过多年的战争动荡，已近乎支离破碎，产业发展几乎是从一片空白中起步。当时整个国际政治经济环境处于冷战思维的影响下，引发了对钢铁、汽车等重工业产品的需求。新中国在"一五"到"四五"时期，发挥社会主义制度的优势，集全国之力发展重工业。在 20 多年的时间里，建立起了新中国独立的、相对完整的、包含 40 多个工业门类的工业体系，实现了经济的快速起步，使我国从落后的农业国家快速步入工业化国家的行列，工业成为国民经济的主导产业。与此同时，集中力量发展重工业，使中国的产业发展脱离了一般的产业结构演进规律，轻工业发展不足，重工业在经济中的占比远高于发达国家的同期水平，造成我国产业结构明显偏"重"。

2.1.2　改革开放后至 2000 年的轻工业发展时期

以重工业为主的工业体系意味着工业产品以中间产品为主，满

---

① 〔美〕H. 钱纳里、〔美〕S. 鲁宾逊、〔美〕M. 赛尔奎因：《工业化和经济增长的比较研究》，吴奇等译，上海三联书店，1989。

② Hoffmann, W. G., "Stadien und Typen der Industrialisierung", *Weltwirtschaftliches Archiv*, 1969, p. 103.

足人民消费需求的轻工业产品长期供给不足。在改革开放前的计划经济时期，这种轻工业产品的供需矛盾往往通过计划性物资分配制度得以暂时压制。1978年，随着党的十一届三中全会拉开改革开放的大幕，人民群众的消费需求在外部消费环境的刺激下开始进一步释放，以往被压制的生活消费品的供需矛盾开始凸显，消费对经济的拉动作用带动了这一时期的产业结构调整，重工业为主的工业体系开始向轻工业品的生产转变，轻工业发展落后于重工业的态势得到了缓解，轻重工业结构失衡的状况得到了改善。

轻工业的发展带动了中国整体加工制造能力的提高，也使重工业从以采掘工业、原料工业为主向以高加工度的重制造工业为主转变，中国的制造业门类进一步得到丰富与完善，产业结构合理化程度有所提升。

2.1.3 重工业回归时期

根据产业结构演进规律，可以认为直至2000年前后，随着轻工业获得了一定程度的发展后，我国产业结构的演进才回归到正常的轨道上来。进入21世纪后，在轻工业发展相对成熟的基础上，重工业再次获得了新的发展机遇，重新回到产业结构的主导地位上。但此时，重工业的回归已不同于新中国成立之初重建产业结构体系，市场经济的主导作用引领着重工业产值比重的提升和内部结构的优化。到2010年，我国重工业产值已占到工业总产值的71.4%，比2001年的51.3%提高了20多个百分点，与此同时，以原材料工业、电子信息制造业、汽车工业为代表的装备制造业发展较快。2010年，我国制造业增加值占比位居世界第一，钢铁、水泥等原材料产品的产量也高居世界首位，制造业在国民经济中的主导地位完全确立，"中国制造"已成为全球价值链体系中国全球竞争力的代名词。

2.1.4　服务业发展时期

2013 年，我国制造业行业遭遇产能过剩的"天花板"，制造业原材料产品价格大幅下降，制造业产业发展进入瓶颈期，经济发展正式进入新常态。2015 年，中央提出了"创新、协调、绿色、开放、共享"的新发展理念与供给侧结构性改革的发展思路，促进了我国产业结构的优化升级，服务业开始成为经济发展的主要动力。2013 年，我国第三产业比重首次超过第二产业，成为国民经济的最大产业部门，2015 年第三产业占国民经济的比重更是超过了 50%。其中，又以与制造业关联密切的生产性服务业发展最为明显，技术、知识等服务要素在经济发展中的作用日益突出。

其实，早在 2007 年国务院就提出了发展现代服务业的战略思想，倡导大力发展面向生产的服务业，实现制造业与服务业的有机融合。经过十几年的发展，我国以服务业为主导的产业结构已经初步形成，且随着制造业进一步高端化发展，生产性服务业的地位日益突出（见图 2-1）。

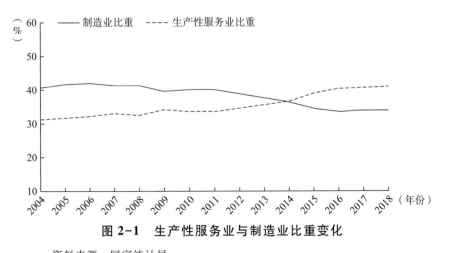

图 2-1　生产性服务业与制造业比重变化

资料来源：国家统计局。

从图 2-1 可以看出，2004 年，我国开始采用新行业分类标准后进行的数据统计显示，生产性服务业占国民经济的比重仅为 30% 左右，制造业占国民经济的比重则超过 40%，且二者这种比重关系保持了一段时间。自 2007 年国务院发布《关于加快发展服务业的若干意见》后，生产性服务业占国民经济的比重开始持续增大，而制造业占国民经济的比重开始下降，二者在产业结构中的地位差距日益缩小。2014 年，生产性服务业占国民经济的比重达到 37.9%，首次超过制造业占国民经济的比重，生产性服务业与制造业在国民经济中的比重关系开始出现反转。2018 年，生产性服务业所占比重已在40% 以上，而制造业比重则降至 30% 左右。

2.2 生产性服务业与制造业的绿色发展状况

如前所述，我国产业结构体系经历了"重工业—轻工业—重工业—服务业"的演变过程。这种产业发展过程也造成了我国长期以来的高能耗、高污染的粗放型生产方式，产生了严重的环境问题。自 2013 年以来，我国出现大范围的雾霾等空气污染状况，引发了人们对于环境问题的担忧，中央加大了对环境保护的监察力度，各级政府也将环境治理纳入政府工作目标。在这一背景下，产业的绿色发展问题也成为学术界关注的焦点。

众所周知，制造业，尤其是重工业，是高能耗、高排放的产业代表。从现有的观点来看，环境污染物的排放主要来源于能源资源的投入与消费。我国一直是能源消费大国，在二氧化碳等产出上也位居世界前列。对中国各行业碳排放量进行核算后发现，碳排放的重点行业除包括化学原料及化学制品制造业、金属制造业、纺织业、食品制造业、烟草制造业等制造业细分部门外，还包括生产性服务业中的运输业。这和人们普遍对服务业的认识不同，传统观念中，服务业是劳动密集型和知识技术密集型产业，因此，其应当属于相对"清洁"的产业。但是，随着我国产业结构的升级，物流、交通运输对于制造业的服务支撑作用越来越明显。运输业是能源依赖型产业，其发展的环境外部性直接影响生产性服务业整体的环境效应。除此之外，生产性服务业的发展涉及的能源消耗主要以电力为表现形式，电力消费也存在外部性。因此，近年来，对生产性服务业的绿色发展问题的关注也越来越多。

从产业特征上来区分，制造业的环境外部性范围较广，既有能源消费引发的碳排放问题，也存在很典型的固体废弃物、废气废水的排放问题；但是对于生产性服务业来说，其能源消耗主要表现在电力上，环境外部性的产物也主要表现为温室气体。因此，本书在探讨生产性服务业与制造业的绿色问题时，为进行产业比较分析，主要研究的环境外部性产出为碳排放。

随着我国成为世界制造大国，碳排放总量也在 2013 年跃居世界第一位[①]，这给我国在气候变化大会中的谈判带来了很大的压力。其中，制造业已经成为我国碳排放"第一大户"。2015 年，我国专门针对制造业部门制定了碳减排的目标，明确提出到 2025 年，制造业单位增加值的碳排放要比 2015 年下降 40%。观察制造业内部结构差异可知，传统重工业的集聚发展虽然在特定时期为我国经济增长提供了有效的支撑，但其高能源消费强度的特征也是我国 2009 年之后碳排放量激增的主要原因。[②] 随着我国工业化进程的加速及环境承载力达到极限，重工业优先发展战略已经无法满足时代发展要求，技术密集型、知识密集型、低能耗、高附加值的现代制造业应成为未来制造业优先发展的领域。

基于生产性服务业的碳排放问题进行文献检索可以发现，如前

---

① 《BP 世界能源统计年鉴》，2014 年 6 月。
② 邵帅、张曦、赵兴荣：《中国制造业碳排放的经验分解与达峰路径——广义迪氏指数分解和动态情景分析》，《中国工业经济》2017 年第 3 期。

所述，虽然运输业被认为是我国当前碳排放的主要部门之一，但是对于生产性服务业本身的碳排放问题的研究相对较少。毕竟相对于制造业庞大的体量，生产性服务业的碳排放量在区域范围内并不明显。现有研究多是针对生产性服务业产生的结构升级效应来探讨其发展对于区域减排的影响。本书从能源消费的角度对全国大部分省份的生产性服务业与制造业的碳排放量进行了测算，以期对二者的绿色发展情况有一个直观的比较。

从图2-2可以看出，相比于2004年，2017年全国大部分省份制造业的碳排放量有了很大的增加，河北、山东、江苏等东部传统制造业大省，以及河南、内蒙古、湖南、湖北等省份制造业的碳排放水平也都有了明显的提升。从碳排放量的总体地区排名上来看，前三位的省份并未发生变化，河北的碳排放量在2017年仍然位列第一，其次是山东、江苏。在所有省份中，仅有北京的碳排放量出现

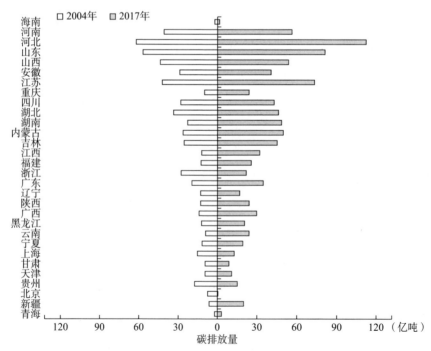

图 2-2　2004 年和 2017 年部分省份的制造业碳排放量

了明显的下降，另一个表现出下降态势的是上海，这种变化特征的出现应当与两地产业结构特征的变化有直接的关系。

相对而言，生产性服务业的碳排放量整体低于制造业，这也进一步说明了生产性服务业的相对"绿色化"。从 2004 年与 2017 年部分省份的生产性服务业碳排放量变化情况来看（见图 2-3），生产性服务业碳排放区域分布变化较大，相对于 2004 年，2017 年生产性服务业碳排放量上升明显的省市有山东、上海、黑龙江、河南、湖南、浙江、贵州、江苏和安徽，而在 2004 年生产性服务业碳排放量位居全国前列的河北、内蒙古、山西和辽宁，在 2017 年出现了明显的下降，其总量排名也下滑至中下游。从区域分布上来看，生产性服务业碳排放主要区域从 2004 年的京津冀周边逐步南移至华东、东南和中南部地区，出现了一个明显的"南迁"的趋势。这说明生产性服务业的发展重心也开始从最早的北京向南迁移至上海及其周边地区。

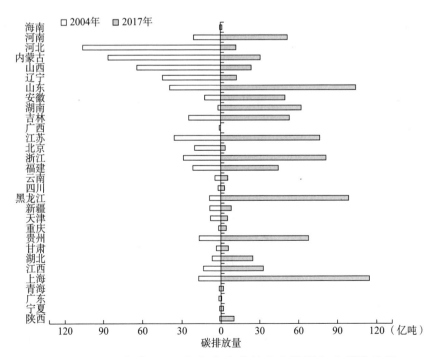

图 2-3　2004 年和 2017 年部分省份的生产性服务业碳排放量

与图 2-2 的制造业碳排放量对比来看，青海和海南两省的制造业和生产性服务业碳排放量均较少，制造业和生产性服务业碳排放量均下降的只有北京，上海制造业碳排放量下降，但生产性服务业碳排放量大幅上升。这再次印证了区域产业结构调整的特征，说明我国部分省份已进入服务化时期。作为我国率先形成以生产性服务业为主导的产业结构的城市，北京的绿色发展模式已基本形成。

2.3 生产性服务业与制造业绿色全要素生产率测度模型

为进一步对生产性服务业与制造业的绿色发展状况进行评价，本书采用绿色全要素生产率来核算。新古典经济增长理论认为，生产率的增长是经济增长的重要引擎。[1] 全要素生产率（Total Factor Productivity，TFP）是相对于传统的劳动生产率、资本生产率等单要素生产率而言的，其突出经济增长中除去投入要素增长外，由技术的进步和效率的提高所引发的增长。[2] 因此，全要素生产率更能反映经济增长的质量。而随着环境外部性问题的突出，越来越多的研究认为应当将环境效应纳入经济增长的核算中，将环境污染物的排放作为经济增长的副产品来看待，引申出了绿色全要素生产率的概念。[3]

近年来，对于绿色全要素生产率的概念与测算已经形成了相对统一的认识。一般认为，核算绿色全要素生产率应当将能源作为投入要素之一，同时将环境污染物的排放作为增长的非期望产出即坏

---

[1] Solow, R. M., "Technical Change and the Aggregate Production Function", *The Review of Economics and Statistics*, 1957, 39 (3).

[2] 陈诗一：《中国的绿色工业革命：基于环境全要素生产率视角的解释（1980—2008）》，《经济研究》2010 年第 11 期。

[3] 李玲：《中国工业绿色全要素生产率及影响因素研究》，博士学位论文，暨南大学，2012。

产出（bad output）来处理。从测算方法来看，现有研究基本沿用了全要素生产率的测算模型，可以分为参数方法和非参数方法两大类，具体如图 2-4 所示。

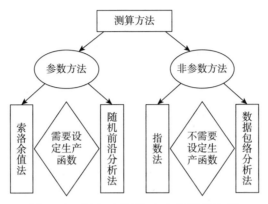

图 2-4　绿色全要素生产率测算方法

参数方法的特征是需要设定生产函数，包括索洛余值法（SR）和随机前沿分析法（SFA）两种方法。索洛余值法基于新古典经济增长理论的假设，以 C-D 生产函数为基础，分别考察各类投入要素和环境要素在增长中的作用和贡献大小。受新古典经济增长模型的限制，索洛余值法的约束条件往往在现实中难以满足，无法剔除测算误差的影响。随机前沿分析法基于随机前沿生产函数，在进行生产函数设定时加入环境要素变量来测算绿色全要素生产率。这种方法考虑到了随机因素对产出的影响，将实际产出分为生产函数、随机扰动因素和技术无效率三个部分，但也限制了模型的扩展空间，在进行测算时需要将多个产出合并或利用距离函数来处理。

非参数方法不需要设定生产函数，主要包括指数法和数据包络分析法（DEA）。在绿色全要素生产率的核算中，数据包络分析法和指数法往往结合在一起使用。数据包络分析法在计算绿色全要素生产率上的应用较为广泛，它仅仅需要投入产出的数据，而不必考虑生产前沿的具体形式，因此，在处理绿色全要素生产率这种多产出的情况时较为灵活，很容易扩展。但其将实际产出分解为生产前沿和技术无效率两个部分，忽略了随机因素的影响，而且需要与指数法结合，对绿色全要素生产率进行分解，以区分综合技术效率、纯技术效率、规模效率。

2.3.1 绿色全要素生产率测算模型

根据上述方法的优缺点分析，考虑到生产性服务业与制造业在构建生产函数上的差异性，使得具体生产函数难以设定，本书运用数据包络分析法来核算生产性服务业与制造业的绿色全要素生产率。数据包络分析法利用线性规划来求解，对于投入、产出量纲的要求不高，无须事先确定各个指标的权重，既可以避免人为确定权重的主观性缺陷，也可以有效避免运用参数方法处理指标时的量纲不统一的问题。

数据包络分析法有多种模型形式，其基础模型有 CCR 模型、BCC 模型、SBM 模型、方向性距离函数模型、熵权模型等。其中，CCR 模型基于规模报酬不变假设，不考虑规模因素的影响，BCC 模型是在 CCR 模型的基础上，引入规模效率的测量。最初的 DEA 模型基于径向来进行规划求解，而 SBM 模型则是将投入产出松弛变量引入规划目标函数中，避免了采用径向模型时按照特定方向等比例缩减或扩张的问题。这一模型可以解决原有 DEA 模型在进行非期望产出的核算时，需要将其列为投入要素的弊端。因此，在绿色全要素生产率的测算中，SBM 模型具有广泛的应用意义。

本书基于 SBM 模型测算生产性服务业与制造业绿色全要素生产率，以面板数据为基础，将每一个省份的生产性服务业或者制造业都看作一个决策单元，引入期望产出和非期望产出，构造绿色全要素生产率评价模型。

在构建生产性服务业与制造业的效率函数时，本书采用方向性距离函数（DDF）。方向性距离函数可以自定义决策单元往前沿上投影的方向，函数定义的投影方向由方向向量决定，包括投入方向向量和产出方向向量，而在方向性距离函数的产出方向向量中包括期望产出方向向量和非期望产出方向向量。因此，选用方向性距离函数进行生产集构建以测算绿色全要素生产率具有适用性和可行性。[1]

假设每一个决策单元（DMU）都包含 n 种投入 x，会产生 m 种期望产出 y 和 r 种非期望产出 u，计为：

$$x = (x_1, x_2, \cdots, x_n)$$
$$y = (y_1, y_2, \cdots, y_m)$$
$$u = (u_1, u_2, \cdots, u_r)$$

假设 t 时期的生产可能集 $P^t(X)$ 为：

$$P^t(X) = \{(y^t, u^t) : x \text{ 生产}(y^t, u^t)\} \tag{2-1}$$

该生产可能集应当满足闭集与有界集、期望产出与投入可自由处置、总产出弱处置及零假设定理的要求，在这个基础上，考虑技术的非同期性特征对效率测度产生的影响，可以将其运用数据包络分析法进行模型化：

$$P^t(X) = \begin{cases} (y^t, u^t) \sum \lambda_k^t y_{km}^t \geqslant y_m^t \\ \sum \lambda_k^t x_{kn}^t \leqslant x_n^t \\ \sum \lambda_k^t u_{kr}^t = u_r^t \\ \sum \lambda_k^t = 1, \lambda_k^t \geqslant 0 \end{cases} \tag{2-2}$$

其中，λ_k^t 表示 t 时期第 k 个决策单元的投入、产出值的权重。生产技术的规模报酬不变，$\sum \lambda_k^t = 1$，$\lambda_k^t \geqslant 0$。式（2-2）被看作全

---

[1] Chung, Y. H., Fare, R., Grosskopf, S., "Productivity and Undesirable Outputs: A Directional Distance Function Approach", *Journal of Environmental Management*, 1997, 51 (3).

局生产技术集。

在确定生产技术集的基础上，借鉴 Fukuyam 等人综合了方向性距离函数和松弛变量模型后提出的方向性 SBM[①]，构建出 SBM 方向性距离函数：

$$\rho = \min \frac{1 - \dfrac{1}{n}\displaystyle\sum_{i=1}^{n} \dfrac{s_k^-}{x_{i0}}}{1 + \dfrac{1}{m \mid r\left(\displaystyle\sum_{j=1}^{m} \dfrac{s_j^+}{y_{j0}} + \displaystyle\sum_{j=1}^{m} \dfrac{s^{u-}}{u_{j0}}\right)}} \qquad (2-3)$$

$$\text{s. t.} \begin{cases} x_0 = X\lambda + s^- \\ y_0 = Y\lambda - s^+ \\ u_0 = U\lambda + s^{u-} \end{cases}$$

$$s^- \geq 0, s^+ \geq 0, s^{u-} \geq 0, \lambda \geq 0$$

式（2-3）中用 s 来表示引入的投入产出的松弛量，而 X、Y、U 分别对应前文中的投入要素、期望产出、非期望产出要素矩阵。x_0、y_0 和 u_0 则分别对应投入指标、期望产出指标和非期望产出指标，代表着权重向量。从目标函数形式上来看，可知目标函数值 ρ 是关于 s^-、s^+、s^{u-} 严格递减的，$0 \leq \rho \leq 1$。

$\rho < 1$，意味着该决策单元是无效的，需要进一步以投入产出的松弛量为依据进行改进。

$\rho = 1$，且各投入产出的松弛量均等于 0 时，该决策单元才有效，即：$\rho = 1$，$s^- = 0$，$s^+ = 0$，$s^{u-} = 0$

将式（2-3）进一步转化为线性规划的求解公式，可以得到：

$$\vec{U}_0^t(x^t, y^t, u^t; y^t, -u^t) = \max\beta$$

[①] Fukuyam, T., Kozawa, T., Yamamoto, H., et al., "Effect of Polymer Protection and Film Thickness on Acid Generator Distribution in Chemically Amplified Resists", *The Society of Photopolymer Science and Technology(SPST)*, 2009, 22（1）.

$$
\text{s. t.}
\begin{cases}
\displaystyle\sum_{k=1}^{K} z_k^t y_{km}^t \geqslant (1 + \beta) y_{k'm'}^t \\[3mm]
\displaystyle\sum_{k=1}^{K} z_k^t u_{kr}^t \geqslant (1 + \beta) u_{k'r'}^t \\[3mm]
\displaystyle\sum_{k=1}^{K} z_k^t x_{kn}^t \leqslant x_{k'n'}^t \\[3mm]
z_k^t \geqslant 0
\end{cases}
\tag{2-4}
$$

其中，$m = 1$，2，$\cdots$，M；$r = 1$，2，$\cdots$，R；$n = 1$，2，$\cdots$，N；$k = 1$，2，$\cdots$，K。它们分别代表期望产出的种类、非期望产出的种类、投入要素的种类和决策单元的个数。z_k^t 代表第 t 期的权重，β 代表使非期望产出的减少以及期望产出的增加最大的比例。

如前所述，运用数据包络分析法来核算绿色全要素生产率时，还需要进一步结合指数法对其测算的效率进行分解，常用的就是 Malmquist 指数方法。

根据 Woo 等[1]提出的方法，将包含非期望产出的方向性距离函数应用在 Malmquist 模型上，将 Malmquist 指数转变为 Malmquist-Luenberger 生产率指数。但是，Malmquist-Luenberger 生产率指数不具备传递性，Oh 构建了 Global Malmquist-Luenberger（GML）生产率指数来弥补这一缺陷。[2] 该方法从全局角度出发，将各期的总和作为参考集，不存在模型无可行解的问题，同时也避免了"技术倒退"现象的出现。从 t 期到 $t+1$ 期的 GML 生产率指数如下：

$$
ML_t^{t+1} = \left[\frac{1 + \vec{D}^t(x^t, y^t, u^t; y^t, -u^t)}{1 + \vec{D}^t(x^{t+1}, y^{t+1}, u^{t+1}; y^{t+1}, -u^{t+1})} \times \right.
$$

① Woo, C., Chung, Y., Chun, D., et al., "The Static and Dynamic Environmental Efficiency of Renewable Energy: A Malmquist Index Analysis of OECD Countries", *Renewable and Sustainable Energy Reviews*, 2015, 47.

② Oh, D. H., "A Global Malmquist-Luenberger Productivity Index", *Journal of Productivity Analysis*, 2010, 34 (3).

$$\left. \frac{1 + \vec{D}^{t+1}(x^t, y^t, u^t; y^t, -u^t)}{1 + \vec{D}^{t+1}(x^{t+1}, y^{t+1}, u^{t+1}; y^{t+1}, -u^{t+1})} \right]^{1/2} \qquad (2\text{-}5)$$

GML 生产率指数可以被分解为技术进步指数和技术效率指数两个部分，分别用 TC 和 EC 来表示，即：

$$ML = TC \times EC \qquad (2\text{-}6)$$

其中：

$$TC_t^{t+1} = \left[\frac{1 + \vec{D}^{t+1}(x^t, y^t, u^t; y^t, -u^t)}{1 + \vec{D}^t(x^t, y^t, u^t; y^t, -u^t)} \times \frac{1 + \vec{D}^t(x^{t+1}, y^{t+1}, u^{t+1}; y^{t+1}, -u^{t+1})}{1 + \vec{D}^{t+1}(x^{t+1}, y^{t+1}, u^{t+1}; y^{t+1}, -u^{t+1})} \right]^{1/2}$$

$$(2\text{-}7)$$

$$EC_t^{t+1} = \left[\frac{1 + \vec{D}^t(x^t, y^t, u^t; y^t, -u^t)}{1 + \vec{D}^{t+1}(x^{t+1}, y^{t+1}, u^{t+1}; y^{t+1}, -u^{t+1})} \right]^{1/2} \qquad (2\text{-}8)$$

其中，$\vec{D}^t(x^t, y^t, u^t; y^t, -u^t)$ 表示决策单元在 t 期的效率值，$\vec{D}^t(x^{t+1}, y^{t+1}, u^{t+1}; y^{t+1}, -u^{t+1})$ 表示决策单元 $t+1$ 时期在 t 期的效率值；$\vec{D}^{t+1}(x^t, y^t, u^t; y^t, -u^t)$ 和 $\vec{D}^{t+1}(x^{t+1}, y^{t+1}, u^{t+1}; y^{t+1}, -u^{t+1})$ 表示决策单元基于 $t+1$ 时期生产技术分别在 t 期和 $t+1$ 时期投入产生的效率值。ML、TC 和 EC 大于 1 表明绿色全要素生产率增长、技术进步以及效率提高，小于 1 表明绿色全要素生产率下降、技术退步以及效率下降。

2.3.2 指标选择和数据来源

如前所述，制造业是我国环境污染物排放的主要来源，其环境污染物的类别较多，且不同细分产业部门的环境污染物也有很大的差异；而生产性服务业多是知识、资本和信息密集型产业，从产业性质上来看，其环境副产品相对简单。另外，我国现有统计数据中，对环境污染数据的统计多集中于制造业。因此，为对比生产性服务业与制造业的绿色发展情况，考虑到数据的可得性，本书针对生产性服务业与制造业的产业差异，借鉴郗永勤和吉星[①]的研究思路，选择碳排放量作为绿色全要素生产率的非期望产出，产业增加值作为绿色全要素生产率的期望产出。

在投入要素上，自 2010 年以来，精密电子、装备制造等产业在制造业中的地位日益提升，制造业进入结构调整时期，但各产业部门之间仍然存在很大的差异性。本书为统一生产性服务业与制造业绿色全要素生产率的测量尺度，仍然选择劳动力、资本和能源消费作为投入要素。[②]

由于我国在 2004 年进行了产业门类的调整，为保持数据的一致性和准确性，本书以 2004 年为基准年。由于 SBM 模型要求使用面板数据，本书按省份对上述指标进行数据采集。鉴于能源消费等数据的滞后性，为统一标准，本书采集了 2004～2017 年全国 31 个省份的对应指标数据。其中，部分省份的能源消费数据和碳排放数据存在缺失，在运算中将其剔除。本书所用数据主要来自《中国统计年鉴》、《中国能源统计年鉴》以及各省份统计年鉴。

2.4　中国生产性服务业与制造业绿色全要素生产率分析

2.4.1　生产性服务业与制造业绿色全要素生产率整体情况

根据上文建立的模型和数据，运用 MaxDEA Pro Ultra 软件进行

---

① 郗永勤、吉星：《我国工业行业碳排放效率实证研究——考虑非期望产出 SBM 超效率模型与 DEA 视窗方法的应用》，《科技管理研究》2019 年第 17 期。

② 郭辉、董晔：《碳排放和能源消费约束下的中国绿色全要素生产率和经济增长研究——基于扩展的索洛模型分析》，《经济经纬》2012 年第 6 期。

模型运算后，得到生产性服务业与制造业的 Malmquist 指数、技术效率指数与技术进步指数，以 2004 年为基准年，可以分别得到我国生产性服务业与制造业 2004~2017 年绿色全要素生产率数值，经均值计算，可得到生产性服务业与制造业的绿色全要素生产率各省份平均水平和全国平均水平（见表 2-1）。

表 2-1　2004~2017 年我国分省份制造业绿色全要素生产率

省份	ML （Malmquist 指数）	EC （技术效率指数）	TC （技术进步指数）	绿色全要素 生产率
安徽	0.996743	1.388531	1.259672	0.839380
北京	1.223327	1.298557	1.416631	2.119172
福建	0.981256	1.183151	1.331588	0.771316
甘肃	1.035726	1.180939	1.128459	1.180881
广东	2.106295	0.946917	2.127973	1.845814
广西	1.271991	1.120499	1.415810	1.820820
贵州	1.100362	1.134257	1.056365	1.769818
海南	1.050010	1.721112	1.872343	1.463437
河北	0.998524	1.137460	1.261879	0.935343
河南	0.996402	1.356992	1.340433	0.791713
黑龙江	1.036823	0.980724	1.090644	1.397185
湖北	1.056845	1.371051	1.396976	1.597962
湖南	1.101818	1.859971	1.395845	1.669899
吉林	1.182702	1.102354	1.072580	2.743385
江苏	0.969564	1.281366	1.375982	0.693521
江西	0.982872	1.504107	1.522601	0.892862
辽宁	1.117086	1.079698	1.056250	2.287592
内蒙古	1.105156	1.099336	1.057060	2.911946
宁夏	1.007485	1.142161	1.131335	1.017355
青海	1.010596	1.868165	1.236227	1.226708

省份	*ML*（Malmquist 指数）	*EC*（技术效率指数）	*TC*（技术进步指数）	绿色全要素生产率
山东	0.976623	1.241946	1.408296	0.566593
山西	1.205480	1.158431	1.101467	2.324975
陕西	0.995466	1.714592	1.321576	0.809058
上海	1.060168	1.163803	1.310417	1.443383
四川	1.076966	1.481590	1.420985	1.681371
天津	1.006524	1.000000	1.006524	0.902922
新疆	0.987989	1.135162	1.131110	0.890416
云南	0.970670	1.072220	1.045600	0.756523
浙江	1.034579	1.283793	1.642562	0.386033
重庆	1.057131	1.649284	2.301728	1.560906
全国平均	1.090106	1.288606	1.341231	1.376610

注：不含港澳台和西藏数据。

由表 2-1 可知，我国制造业的绿色全要素生产率的平均水平为 1.376610，说明我国制造业绿色全要素生产率是有效的，制造业整体来说是相对环境友好的。其中，绿色全要素生产率的变化指数的全国均值为 1.090106，即以平均 9.01% 的速率增长；技术效率指数全国均值为 1.288606，说明技术效率是以 28.86% 的速度增长；技术进步指数为 1.341231，技术进步指数高于技术效率指数，说明我国制造业绿色全要素生产率的改进主要来源于制造业近年来推崇的技术进步。从区域差异上来看，制造业绿色全要素生产率的区域差异非常明显，这一点将在下文做进一步的阐述。

本书用同样的方法对生产性服务业 2004~2017 年的绿色全要素生产率水平进行了核算。由于部分数据缺失，对于生产性服务业的绿色全要素生产率的核算相比制造业缺少了海南省的数据，具体结果如表 2-2 所示。

表 2-2　2004~2017 年我国分省份生产性服务业绿色全要素生产率

省份	ML（Malmquist 指数）	EC（技术效率指数）	TC（技术进步指数）	绿色全要素生产率
安徽	1.002469	0.928016	1.130639	0.738640
北京	1.096742	1.000000	1.096742	1.716840
福建	1.132999	1.055045	1.143062	1.753545
甘肃	1.140964	1.094572	1.137103	2.231246
广东	1.338388	1.000000	1.338388	2.013426
广西	1.238370	1.033431	1.181137	2.271601
贵州	1.056168	0.972964	1.093060	1.219139
河北	1.112355	1.000000	1.112355	1.358558
河南	1.122607	1.052926	1.080115	1.393370
黑龙江	1.065021	0.992926	1.075292	1.265916
湖北	1.261383	1.191287	1.078855	1.985135
湖南	1.043997	1.010502	1.157330	1.304557
吉林	1.084610	1.000970	1.067505	0.786942
江苏	1.144333	1.073580	1.084956	2.046071
江西	1.086815	1.017155	1.076209	2.026133
辽宁	1.177690	1.105828	1.084829	1.526374
内蒙古	1.068131	1.011189	1.062089	1.269951
宁夏	1.100543	1.055279	1.111564	2.101191
青海	1.089690	1.013738	1.082727	1.621891
山东	1.140631	1.063573	1.079326	1.788973
山西	1.184989	1.059373	1.117960	1.621901
陕西	1.028478	0.987918	1.134922	0.794439
上海	1.062276	1.000000	1.062276	1.275852
四川	1.100982	1.037163	1.140959	2.022744
天津	1.129942	1.000000	1.129942	0.509172
新疆	1.166495	1.104479	1.069173	2.196735

省份	ML （Malmquist 指数）	EC （技术效率指数）	TC （技术进步指数）	绿色全要素 生产率
云南	1.412573	1.335968	1.103300	2.472891
浙江	1.145055	1.045420	1.084234	1.941008
重庆	1.177071	1.079635	1.200251	2.092387
全国平均	1.134889	1.045619	1.114355	1.632642

由表 2-2 可知，从全国平均水平来看，生产性服务业的绿色全要素生产率的均值水平远高于制造业，从 2004 年到 2017 年，其变化指数均值可达到 13.49%。进一步从技术进步指数和技术效率指数来看，生产性服务业这两个指数的变化率分别为 11.44% 和 4.56%，远低于制造业的变化率指数。从不同省份的数值来看，部分省份的生产性服务业绿色全要素生产率数值较大，拉高了全国生产性服务业整体水平。本书将在下文进一步阐述绿色全要素生产率的区域差异问题。

2.4.2　生产性服务业与制造业绿色全要素生产率的区域差异特征

由上文测算结果可以看出，各省份生产性服务业与制造业的绿色全要素生产率有很大的差异性。按照绿色全要素生产率的测度标准，绿色全要素生产率小于 1 的为无效率，大于 1 的为有效率，可以得到图 2-5。由图 2-5 各省份生产性服务业与制造业绿色全要素生产率的对比可以直观地看到，大部分省份的生产性服务业的绿色全要素生产率明显高于制造业，且存在显著的区位差异。

制造业绿色全要素生产率大于 1 的省份多是经济发展水平排名不在前列的省份，较高的省份有北京、内蒙古、吉林、辽宁和山西，其次是四川、广西、贵州、广东、湖南等。其中，北京一直致力于发展生产性服务业，其服务业占 GDP 的比重已超过 70%，生产性服

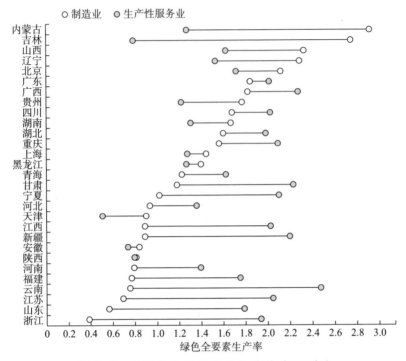

图 2-5 各省份绿色全要素生产率水平对比

务业占服务业的比重也已超过 70%，成为我国首个步入服务化阶段的省级行政区。我国传统经济较发达的东部沿海地区的制造业绿色全要素生产率则均处于相对无效率的状态，数值均小于1，说明这些省份的制造业绿色发展还有很长的路要走。进一步对这些区域各年份的数值进行细致分析可以发现（见附录3），近年来，这些省份的制造业的绿色全要素生产率大多已进入有效率的范畴，但由于早期的无效率水平较为明显，拉低了均值水平。

生产性服务业的绿色全要素生产率表现出与制造业不太相同的特征。全国大部分省份的生产性服务业绿色全要素生产率均值均大于1，仅有安徽、陕西、吉林、天津四省市的生产性服务业绿色全要素生产率小于1，即处于相对无效率的状态。制造业绿色全要素生产率均值排在前列的省份的生产性服务业绿色全要素生产率水平虽也处于有效率的区间，但数值处于 1~2，而制造业绿色全要素生产率均值位于第二梯队的省份，其生产性服务业的绿色全要素生产率均值均大于 2，位于第一梯队行列。东部沿海经济发达地区的生产性服务业绿色全要素生产率均值均超过了 1，即处于相对有效率的状态，其中江苏的生产性服务业绿色全要素生产率均值超过了 2，说明东部沿海经济发达地区的生产性服务业绿色发展状态好于制造业。由此可知，在制造业和生产性服务业的绿色发展上，各省份大多处于相对不平衡的状态，生产性服务业和制造业在"绿色化"道路上协同性不高。

2.5 本章小结

本章回顾了新中国成立以来产业结构的演进历程，给出了我国产业结构的演进阶段，并以此剖析了当前时期我国制造业和生产性服务业的发展特征。在此基础上，本书对生产性服务业与制造业发展过程中的"绿色化"问题进行了探讨，根据产业特征差异，以碳排放作为产业的环境负外部性影响，引入绿色全要素生产率，运用 SBM-GML 模型对 2004~2017 年生产性服务业与制造业的绿色全要素生产率进行了测度。结果发现：在全国平均水平上，生产性服务业与制造业的绿色全要素生产率数值均大于 1，为相对有效率的状态；在产业差异上，生产性服务业的绿色发展效率明显高于制造业，处于有效率状态的省份数量多于制造业；从区域分布差异来看，各省份均存在一定程度的生产性服务业与制造业绿色全要素生产率水平的不均衡状态，二者尚未形成绿色协同发展。

第3章　生产性服务业与制造业绿色
发展影响因素

我国作为世界第一大碳排放国和第二大经济体[1]，于 2009 年在哥本哈根会议中承诺 2020 年单位 GDP 碳排放比 2005 年减少 40%～45% 的目标。尽管目前我国依然处于城镇化、工业化快速发展阶段，但无论是向《联合国气候变化框架公约》提出至 2030 年单位国内生产总值二氧化碳排放比 2005 年下降 60%～65% 的目标，还是"十四五"能源规划中将非化石能源作为这一时期增量的主体，以保证到 2030 年，非化石能源在一次能源消费中占比达到 20%，都表明我国一直致力于寻找经济发展与碳排放的平衡点。

改革开放以来，制造业作为我国经济发展和社会进步的发动机，在助推国家腾飞的同时，"三高一低"粗放型增长方式也造成了严重的环境破坏和资源浪费。伴随着制造业相关战略的提出，以创新驱动、绿色驱动为主旨，大力发展与制造业紧密相关的生产性服务业理念被提出。同时，《国务院关于加快发展生产性服务业促进产业结构调整升级的指导意见》也指出：适应中国特色新型工业化、信息化、城镇化、农业化现代发展趋势，因地制宜引导生产性服务业在中心城市、制造业集中区域、现代农业产业基地以及有条件的城镇等区域集聚。因此，生产性服务业发展理念在一定程度上不仅成为

---

[1]　李金铠、马静静、魏伟：《中国八大综合经济区能源碳排放效率的区域差异研究》，《数量经济技术经济研究》2020 年第 6 期。

缓解我国面临的日益严峻的环境和资源约束的重要手段，也是积极引领我国制造业转型升级的重要突破口。然而，生产性服务业与制造业之间的协调发展机制不完善、制造业的增长方式抑制生产性服务业核心竞争力提升等问题的暴露，反而使得环境污染问题进一步恶化。在不突破环境承载力的前提下确保生产性服务业与制造业协调发展，碳排放效率评估、节能减排潜力测度及碳排放相关影响因素分析成为重要前提。

目前，学术界关于碳排放效率的研究主要采用数据包络分析法（DEA）和随机前沿分析法（SFA）。DEA 是基于投入产出指标评价决策单元之间相对有效性的一种数学规划方法[①]；SFA 则利用生产函数来构造生产前沿面，并采用技术无效率项的条件期望作为技术效率[②]。近几年对碳排放效率的研究已不再局限于全国或区域层面，越来越多的学者将视角聚焦于某一行业。[③] 韩岳峰和张龙采用有效前沿的最小距离法测度了我国 1998~2016 年各省份的农业能源碳排放效率，并考察了农业能源碳排放效率的空间异质性。[④] 刘文君等借助 SBM 模型测算 2000~2015 年中国省际旅游业碳排放效率，并运用 Kernel 密度估计法刻画其动态演进过程。[⑤] 汪中华和申刘岗利用三阶段 DEA 模型测算了 2000~2016 年我国六大区电力行业的碳排放效率。[⑥] 在碳排放的影响因素方面，现有文献主要有三类：①以环境库

---

① 戴钰、张妮娜：《基于 DEA 模型的我国碳排放"总量控制"效率测度研究》，《经济数学》2019 年第 2 期。

② 雷玉桃、杨娟：《基于 SFA 方法的碳排放效率区域差异化与协调机制研究》，《经济理论与经济管理》2014 年第 7 期。

③ 雷振丹、陈子真、李万明：《农业技术进步对农业碳排放效率的非线性实证》，《统计与决策》2020 年第 5 期。

④ 韩岳峰、张龙：《中国农业碳排放变化因素分解研究——基于能源消耗与贸易角度的 LM-DI 分解法》，《当代经济研究》2013 年第 4 期。

⑤ 刘文君、李娇、刘秀春：《碳排放约束下中国旅游业能源效率的实证分析——基于 SBM 模型和 Tobit 回归模型》，《中南林业科技大学学报》（社会科学版）2017 年第 1 期。

⑥ 汪中华、申刘岗：《我国区域电力行业碳排放效率测算及分析》，《科技与管理》2019 年第 3 期。

兹涅茨曲线（EKC）为理论基础，模拟环境退化与人均收入的关系，探究碳排放的增长路径[1]；②运用因素分解法，对碳排放相关影响因素进行定性和定量分析[2]；③运用面板模型或空间面板模型分析碳排放与影响因素的相关性[3]。

3.1 非期望产出的影响因素选择

3.1.1 非期望产出 Super-SBM 模型

超效率 DEA 模型由 Autry 和 Andersen 提出[4]，不仅解决了传统 DEA 模型不能区分多个同时为 1 的决策单元的问题，也有效克服了所测算效率值不能超过 1 的约束条件，使各有效单元得以进一步比较。为了解决传统 DEA 模型的径向和角度带来的问题，Tone 提出了将投入、产出松弛变量引入其中的非径向、非角度的 SBM 模型[5]，在原有模型的基础上考虑非期望产出这一重要指标，不仅优化了传统 DEA 模型，而且使效率测算的准确度大大提升。考虑到 SBM 模型测算的效率值会出现多个决策单元同为完全效率的情况，Tone 通过修正松弛变量，又进一步提出了 Super-SBM 模型，该模型的优越之处在于，通过结合超效率 DEA 模型和 SBM 模型的优点，解决了上述问题。

---

① 朱永彬：《排放控制目标下我国最优经济增长路径、减排路径与碳排放趋势研究及模拟系统开发》，博士学位论文，华东师范大学，2011。

② 周彦楠、杨宇、程博、黄季夏：《基于脱钩指数和 LMDI 的中国经济增长与碳排放耦合关系的区域差异》，《中国科学院大学学报》2020 年第 3 期。

③ 张仁杰、董会忠、韩沅刚、李旋：《能源消费碳排放的影响因素及空间相关性分析》，《山东理工大学学报》（自然科学版）2020 年第 1 期。

④ Autry, T., Andersen, A., "Supercomputers, Super Efficiency", *ASHRAE Journal*, 2016, 58 (1).

⑤ Tone, K. A., "Slacks-based Measure of Super-efficiency in Data Envelopment Analysis", *European Journal of Operational Research*, 2002, 143 (1).

令 X 为投入矩阵，$X = (x_1, x_2, \cdots, x_m) \in \mathrm{R}_+^{m \times h}$，$m$ 为投入要素种类，h 为决策单元个数；Y^g 为期望产出矩阵，$Y^g = (y_1^g, y_2^g, \cdots, y_{s_1}^g) \in \mathrm{R}_+^{s_1 \times h}$，$s_1$ 为期望产出种类；Y^b 为非期望产出矩阵，$Y^b = (y_1^b, y_2^b, \cdots, y_{s_2}^b) \in \mathrm{R}_+^{s_2 \times h}$，$s_2$ 为非期望产出种类。待评价决策单元 EEP 的测度公式为：

$$\min \rho^* = \frac{1 + \dfrac{1}{m} \displaystyle\sum_{i=1}^{m} \dfrac{s_i^-}{x_{ik}}}{1 - \dfrac{1}{s_1 + s_2} \left(\displaystyle\sum_{r=1}^{s_1} \dfrac{s_r^g}{y_{rk}^g} + \displaystyle\sum_{t=1}^{s_2} \dfrac{s_t^b}{y_{tk}^b} \right)}$$

$$\text{s. t.} \begin{cases} x_{ik} \geqslant \displaystyle\sum_{j=1, j \neq k}^{n} x_{ij} \lambda_j - s_i^- \\[3mm] y_{tk}^b \geqslant \displaystyle\sum_{j=1, j \neq k}^{n} y_{tj}^b \lambda_j - s_t^b \\[3mm] 1 - \dfrac{1}{s_1 + s_2} \left(\displaystyle\sum_{r=1}^{s_1} \dfrac{s_r^g}{y_{rk}^g} + \displaystyle\sum_{t=1}^{s_2} \dfrac{s_t^b}{y_{tk}^b} \right) \\[3mm] s^-, s^g, s^b, \lambda \geqslant 0 \quad i = 1, 2, \cdots, q; j = 1, 2, \cdots, n (j \neq k) \end{cases} \qquad (3-1)$$

其中，ρ^* 为待评价决策单元距离其他决策单元构成的前沿面的最近的点；s_r^g 表示待评价决策单元的期望产出的不足量，s_t^b 表示评价决策单元的非期望产出的超标量，s^- 为松弛变量，s^g 表示期望产出的松弛变量，s^b 表示非期望产出的松弛变量，λ 是权重向量，k 表示被评价单元。目标函数关于 s^-、s^g、s^b 严格单调递减，且 $0 < \rho^* \leqslant 1$。对于特定的待评价决策单元，当且仅当 $\rho^* = 1$，即 $s^- = 0$、$s^g = 0$、$s^b = 0$ 时，生产单元完全有效；如果 $\rho^* < 1$，则说明生产单元存在效率损失，可以通过优化投入量、期望产出量及非期望产出量来改善。

3.1.2　DEA 视窗法

采用 DEA 视窗法可以同时对不同时期的同一个决策单元做不同

的测试和评价，并且可以将不同的评价单元归入一个窗口，每个视窗的期数都相同，用以测算评价单元在不同时间段的相对效率，解决同一个决策单元不能进行不同时期的相互比较的问题，是一个动态评价的方法。本书假设待评价决策单元有 n 个，使其为 T，将视窗宽度 r 设置为 3，则每一个视窗内就有 $n×r$ 个决策单元数量，选取考察期为 2004~2017 年，视窗数量为 $W=T-r+1$。

3.1.3 核密度

核密度估计主要用于估计随机变量的概率密度函数，以描述随机变量的特征，并用连续的密度曲线体现随机变量的分布形态，可以根据图形中变量的位置、形态和走势来分析其变化趋势。本书采用核密度函数对两产业的碳排放效率演进进行分析。设随机变量 X 的密度函数为 $f(x)$，则：

$$f(x) = \frac{1}{nh}\sum_{i=1}^{n} K\left(\frac{X_i - x}{h}\right) \tag{3-2}$$

其中，$K(\cdot)$ 为核函数，使用高斯核函数对中国碳排放效率的演进趋势进行估计，其函数表达形式为：

$$K(x) = \frac{1}{\sqrt{2\pi}}\exp\left(-\frac{x^2}{2}\right) \tag{3-3}$$

3.1.4 碳排放效率影响因素的空间计量模型

（1）空间计量经济学发展概述

空间计量这一概念由经济学家 Paelinck 和 Klaassen 提出，早期两人通过强调研究中的五项重要原则，模糊界定了空间计量经济学的领域，包括相互依赖关系的设定、空间关系的非对称性、空间解释变量的重要性等。随后 Cliff 和 Ord 对空间自回归模型进行了拓展，一方面指出 Moran's I 指数可以用于检验最小二乘法回归残差的空间相关性，另一方面提出了针对横截面数据的空间回归模型、混合自回归模型和空间误差模型，逐渐形成了一套完善的计量经济学体系。在随后的研究中，Anselin 对空间计量模型进行了系统研究和定义，不仅讨论了工具变量法和贝叶斯方法的应用，而且通过分析各种模型变量和参数的性质，对空间模型进行了总结，给出了空间线性模型的通用形式。

埃尔霍斯特认为，空间计量经济学是处理网络连接的个体之间空间相互作用效应的科学，它以解决空间异质性和空间依赖问题为目标。[①] Anselin 认为，空间异质性可被称为空间差异性，代表每个空间区位上的事物和现象有别于其他区位上的事物和现象，在实证模型中可表现为变量、参数、误差项等。[②]

$$y_i = f(x_i, \beta_i, \varepsilon_i), i = 1, 2, \cdots, n \qquad (3-4)$$

式（3-4）中，f 为被解释变量 y_i、解释变量 x_i、参数向量 β_i 以及干扰项 ε_i 的函数表达式。线性关系可以表述为：

$$y_i = X_i \beta_i + \varepsilon_i, i = 1, 2, \cdots, n \qquad (3-5)$$

式（3-5）中，X_i 为解释变量的向量；β_i 为随之变化的参数向量；y_i 为被解释变量；ε_i 为线性关系中的随机变量。空间依赖性也被称为空间自相关，意味着空间上的观测值缺乏独立性，表现为观测值及区位之间的一致性。Tobler 运用地理学第一定律诠释了空间的关联性。[③] Anselin 将空间过程表达为第 i 个空间观测单元的观测变量 y_i 与其他观测变量之间存在函数关系 f，其中 $i \in C$，C 为所有空间

---

① 〔荷兰〕J. 保罗·埃尔霍斯特：《空间计量经济学——从横截面数据到空间面板》，肖光恩译，中国人民大学出版社，2015。

② Anselin, L., "Thirty Years of Spatial Econometrics", *Papers in Regional Science*, 2010 (3).

③ Tobler, W. R., "A Computer Movie Simulating Urban Growth in the Detroit Region", *Economic Geography*, 1976, 46 (2).

单元的合集。

$$y_i = f(y_1, y_2, \cdots, y_i, y_{i+1}, \cdots, y_n) + \varepsilon_i, i = 1, 2, \cdots, n \qquad (3-6)$$

不能忽略的是空间自相关是空间相关性的重要组成，是测试空间某观测点是否与其他相邻点存在相关性的一种分析方法。如果某观测点变量值高，其附近的位置上该变量值也高，则两者为正相关，反之为负相关，根据矩条件所表达的空间自相关为：

$$\text{Cov}(y_i, y_j) = \text{E}(y_i y_j) - \text{E}(y_i) \times \text{E}(y_j) \neq 0, i \neq j \qquad (3-7)$$

（2）空间权重矩阵的设定及相关性检验

传统的研究经济问题的模型为：

$$y_i = \alpha + X_i \beta_i + \varepsilon_i, \quad i = 1, 2, \cdots, n \qquad (3-8)$$

$$\text{E}(\varepsilon_i) = 0, \quad \text{Cov}(\varepsilon_i, \varepsilon_j) = \begin{cases} \delta^2, i = j \\ 0, i \neq j \end{cases}$$

在这个传统的截面数据分析模型中，y_i 表示被解释变量的观测值，X 表示解释变量的观测值，ε 服从经典白噪声分布。一般意义上，y_i 只受内部因素 X 的影响，正如上文所提到的，在碳排放的问题中，一个区域的碳排放增长不仅受到其自身内部因素的影响，还会受到外部因素的影响，于是可以将式（3-8）改写为：

$$y_i = \alpha + X_i \beta_i + f(y_i') + \varepsilon_i, \quad i = 1, 2, \cdots, n \qquad (3-9)$$

式（3-9）中，$y_i' = (y_1, y_2, \cdots, y_i, y_{i+1}, \cdots, y_n)$，为周围不同横截面对象的影响；$f(\cdot)$ 为不同横截面对象通过某种方式来影响第 i 个横截面对象。在空间计量模型中，不少学者利用空间权重矩阵 W 来具体化这种特定的影响。引入空间权重矩阵，是空间计量经济学方法与传统经济学方法的重要区别之一。学者们认为，空间权重矩阵是一种与被解释变量的空间自回归过程相联系的矩阵，其一般表达式为：

$$W = \begin{bmatrix} W_{11} & W_{12} & \cdots & W_{1n} \\ W_{21} & W_{22} & \cdots & W_{2n} \\ \vdots & \vdots & & \vdots \\ W_{n1} & W_{n2} & \cdots & W_{nn} \end{bmatrix} \qquad (3-10)$$

当样本容量为 n 时，空间权重矩阵 W_n 为 $n×n$ 维，其中的元素为 $W_{ij}(j = 1，2，\cdots，n)$。W_{ij} 表示区域 i 和区域 j 的相互影响关系和机制，可将其定义为两个地区空间距离的倒数，即 $W_{ij} = 1/d_{ij}$。高阶邻近矩阵类似于梯度发展，利用"相邻之邻"关系定义空间权重矩阵。大部分学者将经济空间距离权重矩阵定义为：

$$W_{ij} = \begin{cases} \dfrac{1}{|\bar{y}_i - \bar{y}_j|}, & i \neq j \\ 0, & i = j \end{cases} \qquad (3-11)$$

式（3-11）采用反距离的定义思想，经济差距越小，空间相关性越强。y 为经济变量，$\bar{y}_i = \sum_{t = t_0}^{t} y_{it}/(t - t_0 + 1)$，$y_{it}$ 表示第 i 个空间单元第 t 年经济变量的取值，$\bar{y}_i$ 则表示第 i 个空间单元的经济变量的年度平均值。相比邻接权重矩阵，使用经济空间距离权重矩阵并不意味着非相邻空间单元之间的联系就隔断了，而是赋予了更小的权重值，与实际情况更为相符。

在建立空间计量模型之前需要对空间相关性进行检验，如果存在空间相关性，必须将空间效应纳入模型中，并选择合适的空间计量模型进行估计；如果不存在空间相关性，则可以直接通过最小二乘法进行参数估计。在给定空间权重矩阵 $W_{n×n}$、随机变量 $y_{n×1}$、随机干扰项 $\varepsilon_{n×1}$ 的情况下，可将两种类型表示为：

$$(y - \mu m) = \rho W(y - um) + \varepsilon, y = \lambda W \varepsilon + \varepsilon \qquad (3-12)$$

式（3-12）中，m 为分量为 1 的 $n×1$ 维向量；μ 为随机变量 y_i

的均值；ε 为随机干扰项，均值为零，方差为 σ^2；ρ 和 λ 分别为自回归和移动平均参数。

对于空间自回归过程而言，$\mathrm{E}(y - \mu m) = 0$，协方差可以表示为：

$$\mathrm{Cov}[(y - \mu m),(y - \mu m)] = \mathrm{E}[(y - \mu m)(y - \mu m)']$$
$$= \sigma^2 [(I - \rho W)'(I - \rho W)]^{-1} \quad (3-13)$$

对于空间移动平均过程而言，$\mathrm{E}(y) = 0$，协方差可以表示为：

$$\mathrm{Cov}(y,y) = \mathrm{E}(yy') = \sigma^2 [(I - \rho W)'(I - \rho W)]^{-1}$$
$$= \sigma^2 [I - \rho(W + W') + \rho^2 WW']^{-1} \quad (3-14)$$

为探索空间数据的自相关程度，Cliff 和 Ord 最早提出运用 Moran's I 指数来检验全局聚类[①]，该方法可以用于检验整个区域中邻近地区的相似性、差异性以及独立性，其表达式为：

$$MI = \frac{n \sum_{i=1}^{n} \sum_{j=1}^{n} w_{ij}(x_i - \bar{x})(x_j - \bar{x})}{\sum_{i=1}^{n} \sum_{j=1}^{n} w_{ij} \sum_{i=1}^{n} (x_i - \bar{x})^2} = \frac{\sum_{i=1}^{n} \sum_{j \neq 1}^{n} w_{ij}(x_i - \bar{x})(x_j - \bar{x})}{S^2 \sum_{i=1}^{n} \sum_{j=1}^{n} w_{ij}}$$

$$(3-15)$$

其中，n 为研究区域内地区总数；x_i 和 x_j 分别为区域 i 和区域 j 的观测值；w_{ij} 为空间权重矩阵中的元素，度量区域 i 和区域 j 的距离，当两个区域相邻时，$w_{ij} = 1$，当两个区域不相邻时，$w_{ij} = 0$；$\bar{x} = 1/n \times \sum_{i=1}^{n} x_i$，为观测值的平均值；$S^2 = 1/n \sum_{i=1}^{n} (x_i - \bar{x})^2$，为观测值的方差。$MI$ 的取值一般在 -1 和 1 之间，大于 0 为正相关，小于 0 为负相关。数值接近 1 表明有相似的观测值聚集在一起（如高高相邻、低低相邻）；数值接近 -1 表明具有相异属性的观测值聚集在一起（如高低相邻）；数值接近 0，则说明观测值随机分布或者不存在空

---

① Cliff, A., Ord, J. K., *Spatial Autocorrelation*, London: Pion, 1973.

间自相关。关于 Moran's I 指数，可以用统计量 Z 来检验 n 个区域是否存在空间自相关关系。

$$y = \mu + \rho W_y + X\beta + \varepsilon, \varepsilon \sim N(0, \sigma^2 I_n) \tag{3-16}$$

在原假设的基础上进行 OLS 回归：

$$y = \mu + X\beta + \varepsilon \tag{3-17}$$

利用残差序列建立统计量：

$$MI = \frac{n}{s} \times \frac{\varepsilon' W \varepsilon}{\varepsilon' \varepsilon} \tag{3-18}$$

其中，s 为空间权重矩阵 W 中所有元素的和，Moran's I 服从正态分布。当残差扰动项满足假定时，Moran's I 的统计量服从如下均值和方差的正态分布[①]：

$$E(MI) = \frac{n}{s} \frac{\mathrm{Tr}(VW)}{s(n-K)} \tag{3-19}$$

$$\mathrm{Var}(MI) = \left(\frac{n}{s}\right)^2 \frac{\mathrm{Tr}(VWVW') + \mathrm{Tr}[(VW)^2] + [\mathrm{Tr}(VW)]^2}{(n-K)(n-K+2)} - [E(MI)]^2$$
$$\tag{3-20}$$

其中，W 为空间权重矩阵；n 为横截面个数；V 为映射矩阵。最后通过以上 Moran's I 指数 MI 的均值和方差可以构建服从标准正态分布的统计量：

$$Z = \frac{MI - E(MI)}{\sqrt{\mathrm{Var}(MI)}} \tag{3-21}$$

当 Z 值均大于正态分布 0.05（0.01）水平下的临界值 1.65（1.94）时，上述 n 个区域在空间分布上具有明确的正相关关系，正

---

① 欧变玲、龙志和、林光平：《空间滞后模型中 Moran's I 统计量的 Bootstrap 检验》，《系统工程理论与实践》2010 年第 9 期。

相关关系表明相邻地区类似特征值出现集群趋势。

（3）空间计量模型设定和估计

在度量了空间相关因素后，需要确定空间交互关系，以便选择合适的模型。空间计量模型所涉及的空间交互效应可分为：①内生交互效应，即不同的区域因变量之间相互影响，通常设定为空间交互过程的均衡结果；②外生交互效应，即某区域自变量影响其他区域的因变量；③误差项的交互效应，考虑到遗漏变量的存在，区域的遗漏变量可能存在空间相关性。在明确空间交互效应表现方式的基础上，可以选择以下空间计量模型：空间自回归模型（SAR）、空间误差模型（SEM）、空间杜宾模型（SDM）。

空间自回归模型主要用于研究相邻区域的行为对整个系统内其他区域的影响，传统的一阶空间自回归模型（FAR）可以表示为：

$$y = \mu + \rho W_y + \varepsilon, \varepsilon \sim N(0, \sigma^2 I_n) \tag{3-22}$$

空间自回归模型则在此基础上进行了扩展，包含一个解释变量矩阵 X，Anselin 也将其称为混合的回归，表达式为：

$$y = \mu + \rho W_y + X\beta + \varepsilon, \varepsilon \sim N(0, \sigma^2 I_n) \tag{3-23}$$

其中，y 为 $n \times 1$ 维向量，为因变量；W 为 $n \times n$ 阶对称矩阵，反应空间个体之间的作用机制，一般情况下为一阶相邻矩阵；ρ 为空间滞后变量 W_y 的系数；X 为 $n \times k$ 维的解释变量向量。

空间误差模型中的干扰项显示出了空间相关性，所以表达式为：

$$y = \mu + X\beta + \xi, \xi = \lambda W_x \xi + \varepsilon, \varepsilon \sim N(0, \sigma^2 I_n) \tag{3-24}$$

其中，y、X、β 等的含义与空间自回归模型中的相同。空间误差模型区域外溢是随机冲击的结果。

空间杜宾模型的基本假设为：

$$y = \rho W_y + X\beta_1 + W_x\beta_2 + \varepsilon, \varepsilon \sim N(0, \sigma^2 I_n) \tag{3-25}$$

其中，$W_x \beta_2$ 表示来自其他区域自变量的影响；β_2 为响应的系数向量。在以上三种模型中，空间杜宾模型综合性更强，当 $\beta_2 = 0$ 时，空间杜宾模型则转化为空间自回归模型；同样，进行以下公式推导：

$$y = \mu + \rho W_y + X\beta + \xi, \xi = \lambda W_x \xi + \varepsilon, \varepsilon \sim \mathrm{N}(0, \sigma^2 I_n)$$

$$\varepsilon = (1 - \lambda W_x) \times \xi$$

$$y(1 - \lambda W) = X\beta(1 - \lambda W) + \xi(1 - \lambda W) = X\beta(1 - \lambda W) + \varepsilon$$

$$y = \lambda W_y + X\beta - \lambda W_x \beta + \varepsilon \tag{3-26}$$

当 $\beta_2 = -\lambda\beta_1$ 时，空间杜宾模型可以转化为空间误差模型。

考虑到空间计量模型中自变量的内生性，继续采用最小二乘法来估计参数，估计结果会有偏或者无效。现阶段常用的空间计量模型的参数估计方法包含广义最小二乘法（GLS）、广义矩阵法（GMM）、最大似然法（ML）。基于分析的需要，本书采用最大似然法，对空间面板模型进行估计。

最基本的线性面板回归模型可以表述为：

$$y_t = \mu + X_t\beta + \varepsilon_t, \varepsilon \sim \mathrm{N}(0, \sigma^2 I_n) \tag{3-27}$$

其中，下标 t 表示时间维度，$t = 1, 2, \cdots, T$；y_t 表示因变量在 t 时期的观测值；X_t 表示一个 $1 \times K$ 维的解释变量的列向量；干扰项 ε_t 在空间和时间维度独立同分布。

空间自相关模型表示为：

$$y_t = \mu + X_t\beta + \rho W y_t + \varepsilon_t \tag{3-28}$$

其中，ρ 为常数，作为空间自回归系数 ρ 的取值范围在空间权重矩阵 W 的最小和最大特征根的倒数之间；W 为 $n \times n$ 的空间权重矩阵；y_t 为 $n \times 1$ 维向量；X_t 为 $n \times n$ 的矩阵；β 为 $n \times 1$ 维向量。在实际估计过程中为剔除截距项，一般将 y 和 X 表示为其均值的离差形式，两边减去各自均值，表达式为：

$$y_t - \bar{y} = (X_t - \bar{X})\beta + \rho W(y_t - \bar{y}) + \varepsilon_t \tag{3-29}$$

$$y_t - \bar{y} = (X_t - \bar{X})\beta + \varepsilon_t \tag{3-30}$$

$$\varepsilon_t = (I_n - \rho W)(y_t - \bar{y}) - (X_t - \bar{X})\beta \tag{3-31}$$

在推导出以上公式后，假设 $\varepsilon_t \sim N(0, \sigma^2 I_n)$ ，则联合概率密度函数可以表示为：

$$f(\varepsilon_t) = (2\pi\sigma^2)^{\frac{n}{2}} e^{\frac{\varepsilon_t'\varepsilon_t}{2\sigma^2}} \tag{3-32}$$

故 y_t 的概率密度函数为：

$$f(y_t) = f(\varepsilon_t) \times \left| \det\left(\frac{\partial \varepsilon_t}{\partial y_t}\right) \right| = (2\pi\sigma^2)^{\frac{n}{2}} e^{\frac{\varepsilon_t'\varepsilon_t}{2\sigma^2}} \times \left| \det\left(\frac{\partial \varepsilon_t}{\partial y_t}\right) \right| \tag{3-33}$$

公式（3-33）中，$|\det(\partial\varepsilon_t/\partial y_t)|$ 为 ε_t 关于 y_t 的雅克比矩阵行列式的绝对值，且 $\partial\varepsilon_t/\partial y_t = I_n - \rho W$，得到 $f(y_1, y_2, \cdots, y_n)$ 的联合概率密度，将其似然函数取对数最终简化出的对数似然函数为：

$$\ln(L) = -\frac{nT}{2}\ln(2\pi\sigma^2) - \frac{1}{2\sigma^2}\sum_{t=1}^{T}\varepsilon_t'\varepsilon_t + T\ln[|\det(I_n - \rho W)|]$$

$$\varepsilon_t = y_t - X_t\beta - \rho W_t \tag{3-34}$$

实际上，可以发现式（3-34）的似然函数可以对 β 和 σ^2 进一步简约化，从总体的似然函数中得到参数的表达式，$\beta = (X_t^T X_t)^{-1} X_t^T (I_n - \rho W) y_t$；同理，参数 σ^2 可以表示为 $\sigma^2 = \varepsilon_t'\varepsilon_t = (y_t - \rho W - X_t\beta)^T(y_t - \rho W - X_t\beta)n^{-1}$。将两者代入似然函数公式（3-34）中，便可以得到最优化的参数 ρ。根据上文 ρ 的约束范围，在得到 ρ 的最大似然估计量 ρ^* 后，可以推导出参数 β 和 σ^2 的最大似然估计量：

$$\beta^* = (X_t^T X_t)^{-1} X_t^T (I_n - \rho^* W) y_t \tag{3-35}$$

$$\hat{\sigma}^2 = (y_t - \rho^* W - X_t\beta^*)^T(y_t - \rho^* W - X_t\beta^*)n^{-1} \tag{3-36}$$

空间误差模型可以表示为：

$$y_t = \mu + X_t \beta + \xi_t, \xi_t = \lambda W \xi_t + \varepsilon_t, \varepsilon_t \sim N(0, \sigma^2 I_n) \qquad (3-37)$$

与空间面板自相关模型估计方式相似，为剔除截距项，将 y 和 X 表示为其均值的离差形式，两边减去各自均值：

$$y_t - \bar{y} = (X_t - \bar{X})\beta + \xi_t \qquad (3-38)$$

$$\varepsilon_t = (I_n - \lambda W)\xi_t \qquad (3-39)$$

空间面板误差模型的对数似然函数可以通过式（3-38）得到：

$$\xi_t = (y_t - \bar{y}) - (X_t - \bar{X})\beta \qquad (3-40)$$

同时，通过式（3-39）可以得出：

$$\varepsilon_t = (I_n - \lambda W)[(y_t - \bar{y}) - (X_t - \bar{X})\beta], \varepsilon_t \sim N(0, \sigma^2 I_n) \qquad (3-41)$$

ε_t 和 y_t 的联合概率密度函数为：

$$f(\varepsilon_t) = (2\pi\sigma^2)^{\frac{n}{2}} e^{\frac{\varepsilon_t' \varepsilon_t}{2\sigma^2}} \qquad (3-42)$$

$$f(y_t) = f(\varepsilon_t) \times \left| \det\left(\frac{\partial \varepsilon_t}{\partial y_t}\right) \right| = (2\pi\sigma^2)^{\frac{n}{2}} e^{\frac{\varepsilon_t' \varepsilon_t}{2\sigma^2}} \times \left| \det\left(\frac{\partial \varepsilon_t}{\partial y_t}\right) \right| \qquad (3-43)$$

式（3-43）中，$|\det(\partial\varepsilon_t/\partial y_t)|$ 为 ε_t 关于 y_t 的雅克比矩阵行列式的绝对值，且 $\partial\varepsilon_t/\partial y_t = I_n - \lambda W$，经过似然比取对数简化后的对数似然函数为：

$$\ln(L) = -\frac{nT}{2}\ln(2\pi\sigma^2) - \frac{1}{2\sigma^2}\sum_{t=1}^{T}\varepsilon_t'\varepsilon_t + T\ln[|\det(I_n - \lambda W)|]$$

$$(3-44)$$

其中，$\varepsilon_t = (I_n - \lambda W)[(y_t - \bar{y}) - (X_t - \bar{X})\beta]$，对简化后的对数似然函数［式（3-44）］进行最优化处理，类似于空间面板自相关

模型，可以得到参数 λ 的最大似然估计量 λ^*，并以此得到参数 β 和 σ^2 的最大似然估计量：

$$\beta^* = \frac{(X_t - \lambda^* WX_t)^{\mathrm{T}}(y_t - \lambda^* Wy_t)}{(X_t - \lambda^* WX_t)^{\mathrm{T}}(X_t - \lambda^* WX_t)} \tag{3-45}$$

$$\hat{\sigma}^2 = (\varepsilon_t - \lambda^* W\varepsilon_t)^{\mathrm{T}}(\varepsilon_t - \lambda^* W\varepsilon_t)n^{-1} \tag{3-46}$$

空间面板杜宾模型可以表示为：

$$y_t = \mu + X_t\beta + \rho Wy_t + \lambda Wx_t + \varepsilon_t, \varepsilon_t \sim N(0, \sigma^2 I_n) \tag{3-47}$$

空间模型采用 OLS 估计得到的是非一致估计量，采用 ML 估计得到的则是一致估计量。Lesage 和 Pace 指出，估计 SDM 模型可以将其视为 SAR 模型的形式。[1] 可以定义变量 $Z = (\mu, X, WX)$，$\delta = (\mu, \beta, \lambda)$，则式（3-47）可以表示为：

$$y_t = \rho Wy_t + Z\delta + \varepsilon_t \tag{3-48}$$

将其一般化后，数据生成过程为：

$$y = \rho Wy + Z\delta + \varepsilon, y = (I_n - \rho W)^{-1}Z\delta + (I_n - \rho W)^{-1}\varepsilon, \varepsilon \sim N(0, \sigma^2 I_n) \tag{3-49}$$

根据 OLS 参数估计过程进一步将一般模型进行单元转化。在给定 $\rho = \rho^*$ 的条件下，解释变量参数矩阵的估计值为：

$$\hat{\delta} = (Z^{\mathrm{T}}Z)^{-1}Z^{\mathrm{T}}(y - \rho^* Wy) = (Z^{\mathrm{T}}Z)^{-1}Z^{\mathrm{T}}(I_n - \rho^* W)y \tag{3-50}$$

随机误差项的方差的估计值为：

$$\hat{\sigma}^2 = n^{-1}e(\rho^*)^{\mathrm{T}}e(\rho^*) \tag{3-51}$$

其中，$e(\rho^*) = y - \rho^* Wy - Z\delta$。

---

① Lesage, J. P., Pace, R. K., *Introduction to Spatial Econometrics*, CRC Press, Boca Raton, 2009.

将估计值代入全似然函数中，最简约似然函数最优化可以得到参数 ρ 的最大似然估计量 $\hat{\rho}$，对数似然函数为：

$$\ln(L) = -\frac{n}{2}\ln(2\pi\sigma^2) + \ln(|I_n - \rho W|) - \frac{e^T e}{2\sigma^2} \qquad (3-52)$$

$$e = y - \rho W y - Z\delta, \rho \in \left[\frac{1}{\max(W)}, \frac{1}{\min(W)}\right] \qquad (3-53)$$

空间相关系数最优值 ρ^* 作为空间相关系数的估计值 $\hat{\rho}$，有 $\rho^* = \hat{\rho}$，根据空间相关估计值，可以得到待估计矩阵、随机误差项的方差、方差-协方差矩阵：

$$\hat{\delta} = \delta_0 - \hat{\rho}\delta_d = (Z^T Z)^{-1} Z^T (I_n - \hat{\rho}W)y \qquad (3-54)$$

$$\hat{\sigma}^2 = \frac{1}{n}S(\hat{\rho}) \qquad (3-55)$$

$$\Omega = \hat{\sigma}^2 \left[(I_n - \hat{\rho}W)^T (I_n - \hat{\rho}W)\right]^{-1} \qquad (3-56)$$

梳理文献可知，目前碳排放效率影响因素的变量选择未达成一致。徐生霞等以长三角、珠三角和京津冀为研究对象，考察了 2007～2016 年地区产业结构、能源利用效率、外资依存度、城市化水平、技术进步等对全要素生产率的影响。[1] 平智毅等在测算 2003～2016 年长江经济带 11 个省份的碳排放效率后分析了经济发展程度、环境规制、产业结构升级、外商投资、技术创造能力、能源结构对其的影响。[2] 林秀群等分析了要素禀赋、行业集中度、产权结构、环境规制对广东省 35 个行业碳排放效率的影响。[3]

---

[1]　徐生霞、刘强、姜玉英：《全要素生产率与区域经济发展不平衡——基于资本存量再测算的视角》，《经济与管理研究》2020 年第 5 期。

[2]　平智毅、吴学兵、吴雪莲：《长江经济带碳排放效率的时空差异及其影响因素分析》，《生态经济》2020 年第 3 期。

[3]　林秀群、吴振嘉、唐向阳：《工业行业全要素碳排放效率及影响因素研究》，《昆明理工大学学报》（社会科学版）2020 年第 2 期。

通过梳理文献得到如下变量。①经济发展水平（G）。经济发展是能源消耗和碳排放的主要影响因素，同时节能减排也是中国经济转型的重要推力。以 GDP 表征经济发展水平。②能源结构（E）。资源禀赋是能源结构刚性的基础条件，工业化进程的推进促使各行业对化石能源的需求加大。③产业结构（D）。区域产业结构调整的动力源于要素差异形成的地区利益差异。不少学者证实了，在产业转移和区域分工的结构演进过程中，产业结构调整对节能减排的作用巨大。以生产性服务业在第三产业中的比重及制造业在第二产业中的比重来表征产业结构。④城镇化水平（U）。城镇化进程的不断推进加快了二氧化碳的排放，理论上城镇化和碳排放之间存在类似环境库兹涅茨曲线的关系，城镇化发展至高阶段，有利于促进产业向清洁生产方向转变。以城市人口比重表征城镇化率。⑤人力资本（H）。研究表明人力资本是发展低碳经济的战略性资源，其不仅是激励企业使用绿色技术的主要影响因素，也是强化可持续发展理念的重要支撑。以生产性服务业和制造业的就业人口表征人力资本。⑥环境规制（R）。李珊珊和罗良文认为，受环境规制的影响，人均 GDP 较低时，会抑制碳排放效率的提升；随着人均 GDP 的增加，突破某一阈值后，全要素碳排放效率也会提升。[①] 以环境污染治理投资占 GDP 的比重表征环境规制水平。

考虑到碳排放可能存在时间上的路径依赖特征，且碳排放与经济发展水平、城镇化水平、环境规制可能存在双向因果关系，从而导致内生性问题，本书将滞后一期的碳排放引入标准的静态空间面板模型中，构建如下动态空间面板杜宾模型：

$$CE_{it} = \beta_0 + \beta_1 CE_{it-1} + \beta_2 \sum_{i=1}^{n} X_{it} + \rho \sum_{i=1}^{n} w_{ij} EI_{jt} + \lambda \sum_{i=1}^{n} w_{ij} X_{jt} + \varepsilon_{it}$$

---

① 李珊珊、罗良文：《地方政府竞争下环境规制对区域碳生产率的非线性影响——基于门槛特征与空间溢出视角》，《商业研究》2019 年第 1 期。

$$\varepsilon \sim \mathrm{N}(0, \sigma^2 I_n) \tag{3-57}$$

其中，CE_{it-1} 为滞后一期的碳排放；w_{ij} 为地理距离权重矩阵。

3.1.5　数据来源

选取 2004~2017 年除西藏、台湾、香港和澳门以外的 30 个省区市的制造业和生产性服务业数据作为研究对象，用以考察两产业碳排放效率和减排潜力。参考 Rashe 建立的三要素生产函数，选取能源、劳动力、资本投入作为投入要素。借鉴李静的做法，采用 GDP 和二氧化碳排放量分别作为期望产出和非期望产出。[①] 能源数据源于《中国能源统计年鉴》；劳动力以制造业和生产性服务业的就业人口表征，数据源于各省统计年鉴；资本投入以资本存量表征，由于现有的统计年鉴中并未有资本存量的数据，故本书参考单豪杰的永续盘存法，通过计算固定资产投资额得出[②]；GDP 数据来源于《中国统计年鉴》，并折算至 2000 年不变价格。

碳排放计算公式为 $CE = 44/12 \times \sum_{i=1}^{n}(A_i \times \alpha_i \times e_i \times \beta_i \times o)$，$A_i$ 表示第 i 类化石能源的实物消耗量；α_i 表示第 i 类化石能源的标准煤转换系数；e_i 表示第 i 类化名能源的净热值；β_i 表示第 i 类化石能源的碳排放系数；o 表示能源的氧化率，假设各类能源在燃烧时均完全氧化。采用能源平衡表计算终端能源消耗量，忽略掉加工、转换过程中损失的碳排放，以免重复计算。以上数据源于《中国能源统计年鉴》及《2006 年 IPCC 国家温室气体清单指南》。

根据中国经济的梯度式发展模式，将中国划分为东、中、西三个区域。东部包括北京、天津、河北、辽宁、上海、江苏、浙江、

---

① 李静：《能源与环境双重约束下的中国经济增长效率——基于非期望产出模型的分析》，《科技管理研究》2013 年第 5 期。

② 单豪杰：《中国资本存量 K 的再估算：1952~2006 年》，《数量经济技术经济研究》2008 年第 10 期。

福建、山东、广东、海南；中部包括山西、内蒙古、吉林、黑龙江、安徽、江西、河南、湖北、湖南、广西；西部包括四川、重庆、贵州、云南、陕西、甘肃、青海、宁夏、新疆。

3.2 生产性服务业与制造业减排潜力及影响因素分析

3.2.1 生产性服务业与制造业的碳排放效率动态分析

本书运用 MaxDEA Ultra 7.8.1 对我国 30 个省份 2004～2017 年的生产性服务业与制造业在各个视窗下的碳排放效率及其年均值进行具体测算，其中某一行业的碳排放效率为该行业在重叠视窗内的效率均值。

由图 3-1 可知，2004～2017 年我国制造业碳排放效率呈现出波浪式的缓增趋势，平均碳排放效率为 0.4903，大部分年份的效率值在 0.5 之下，至 2017 年达到 0.6007。生产性服务业在 2004～2017 年的碳排放效率呈现出 "W" 形增长趋势，平均效率值为 0.4898。2009～2015 年效率值的变化趋于平缓，2015 年后效率值逐渐提升，在 2017 年达到 0.6201。

观察图 3-1（a）可知，西部地区制造业碳排放效率远低于全国水平，效率值区间为 0.2275～0.4256。中部地区碳排放效率在 2007 年之后超过全国水平，并于 2009 年达到 0.4733，此后效率值与东部地区相当，且远超全国水平。通过图 3-1（b）可知，2004～2017 年中部地区生产性服务业的碳排放效率均低于全国平均水平，西部地区生产性服务业的碳排放效率仅在 2007 年、2008 年、2009 年和 2014 年高于全国平均水平，其他年份均低于全国平均水平，而东部地区的碳排放效率则远高于全国碳排放效率，维持在 0.7014～1.0164 的区间范围内。值得注意的是，2014 年后东部地区生产性服务业的碳

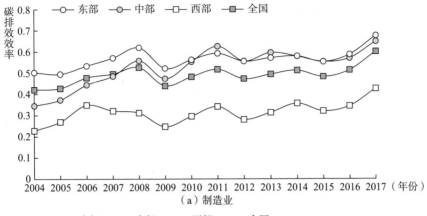

（a）制造业

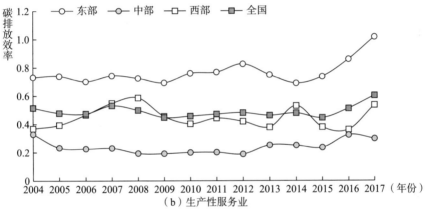

（b）生产性服务业

图 3-1　2004~2017 年制造业和生产性服务业碳排放效率对比

排放效率提升显著，从 2014 年的 0.6903 提升至 2017 年的 1.0164。

　　利用式（3-2）和式（3-3），得到两个行业 2004 年、2009 年、2014 年、2017 年的碳排放效率动态演进图（见图 3-2）。通过位置、跨度、峰值可以看出，全国生产性服务业和制造业的核密度函数中心在 2004~2017 年呈现出了右倾的趋势，其中生产性服务业较为明显，说明两个行业的碳排放效率提升并不一致，且生产性服务业碳排放效率的增速较快。从曲线跨度来看，两个行业的核密度函数曲线均由窄变宽，不仅反映出碳排放效率幅度的放宽，也说明了生产性服务业碳排放效率略高于制造业。从峰值来看，2017 年同比于 2004 年，两个行业峰值均由尖峰变宽峰，说明碳排放效率呈现出由区域聚集到四周扩散的态势。

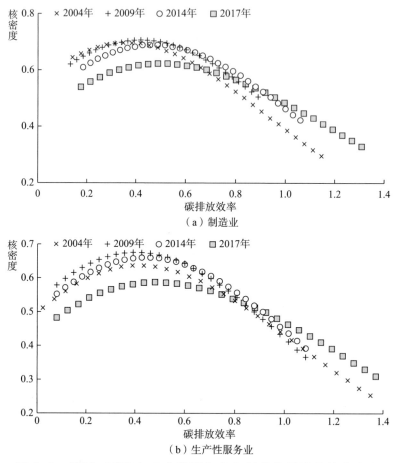

（a）制造业

（b）生产性服务业

图 3-2　2004~2007 年生产性服务业和制造业碳排放效率演进

3.2.2　生产性服务业与制造业节能减排潜力

2004~2017 年，我国生产性服务业和制造业以 5.86% 和 7.32% 的年均增速，分别消耗能源 5689.33×10⁶ t、33413.73×10⁶ t，共产生二氧化碳 16133.49×10⁶ t。通过对比可知，生产性服务业能源消耗量和碳排放量均远低于制造业，仅占总量的 14.91% 和 7.70%。从区域划分的角度看，生产性服务业在东部、中部、西部地区的能源消耗比重分别为 47.46%、35.39%、17.15%，均与制造业相差不大。就碳排放而言，西部地区的碳排放比重仅为 5.23%，与制造业的 20.95% 相差较大。从省域的角度看，北京、广东、河南、江苏、上海、山东 6 省市的生产性服务业能源消耗量和碳排放量分别占到了全国的 40.63% 和 36.90%。而制造业高能耗高排放的省份则为广东、河北、河南、江苏、山东、山西、四川，占全国能源消耗的 49.26%。

2004～2017 年，生产性服务业和制造业可分别节约能源 2232.17× 10^6 t、13592.29× 10^6 t，占能耗总量的 39.23%、40.68%；可减少碳排放量为 709.47× 10^6 t、6348.60× 10^6 t，分别占排放总量的 56.85%、42.63%。值得关注的是，生产性服务业在东部、中部、西部三个地区的减排潜力差距巨大，其中中部地区可节约能耗 1448.13× 10^6 t，占全国的 66.69%。而制造业在区位上的减排潜力差距并不显著，东部、中部、西部地区可节约的能耗分别占总量的 41.92%、31.59%、26.49%，可减少碳排放量则分别占总量的 39.40%、33.94%、26.67%。

广东、河北、河南、湖北、江苏、山东、山西、四川、新疆在制造业中一共可节能 8774.40× 10^6 t，占总节能潜力的 64.55%；可减排 3386.98× 10^6 t，占总减排潜力的 53.35%。上述 9 个省区在生产性服务业中的节能潜力也占到了总量的 48.77%。需要注意的是，重庆在制造业中可减排 35.08× 10^6 t，但在制造业中的节能潜力为 981.4× 10^6 t，占总节能潜力的 15.46%（见图 3-3）。

3.2.3　碳排放影响因素分析

如表 3-1 所示，Morna's I 空间相关性检验已说明我国 30 个省份生产性服务业与制造业的碳排放存在显著的空间相关性特征。在建立时间序列模型之前需要检验模型所取变量的平稳性以及多重共线

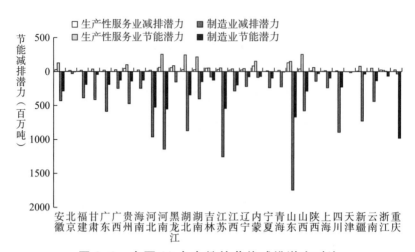

图 3-3　中国 30 个省份的节能减排潜力对比

性。通过相关检验后，按照 Anselin 等人提出的判断规则，选用自然对数值、Wald 检验和 LR 检验对模型的拟合度进行检验。Hausman 检验发现，空间计量模型应选择固定效应模型。运用 SAR 模型、SEM 模型和 SDM 模型对样本进行拟合。根据表 3-2 可知，在拟合程度上 SDM 模型较 SAR 模型和 SEM 模型具有回归系数显著个数最多的特点。为进一步分析 SDM 模型的拟合效果，进行 Wald 检验和 LR 检验，发现 p 值均在 1% 条件下显著为零，表明 SDM 模型具有最优的拟合效果。SDM 模型的回归系数并不满足模型转化的原假设 H_0：$\theta_i = 0$ 或 $\theta_i + \delta\beta_i = 0$。表明 SDM 模型不能等价转化为 SAR 模型和 SEM 模型，即 SDM 模型包含的两种空间传导机制，对经济增长的作用不可忽略。

表 3-1　2004~2017 年生产性服务业和制造业碳排放莫兰指数

年份	生产性服务业莫兰指数	p 值	z 值	制造业莫兰指数	p 值	z 值
2004	0.020	0.053	1.118	0.124	0.092	1.331
2005	0.263	0.008	2.428	0.239	0.011	2.275

续表

年份	生产性服务业莫兰指数	p 值	z 值	制造业莫兰指数	p 值	z 值
2006	0.255	0.009	2.376	0.124	0.096	1.305
2007	0.128	0.093	1.325	0.252	0.009	2.347
2008	0.248	0.011	2.303	0.406	0.000	3.603
2009	0.274	0.006	2.535	0.411	0.000	3.636
2010	0.374	0.000	3.337	0.325	0.002	2.954
2011	0.314	0.002	2.858	0.357	0.001	3.216
2012	0.310	0.002	2.840	0.295	0.003	2.736
2013	0.240	0.012	2.256	0.403	0.000	3.614
2014	0.274	0.018	2.887	0.358	0.001	3.221
2015	0.303	0.003	2.744	0.453	0.000	4.027
2016	0.255	0.008	2.410	0.333	0.001	3.002
2017	0.272	0.006	2.495	0.323	0.002	2.911

表 3-2　生产性服务业和制造业个体固定效应回归结果

变量	生产性服务业			制造业		
	SAR	SEM	SDM	SAR	SEM	SDM
$\ln G$	0.6587***	0.7249***	1.4662***	0.3298***	0.3732*	0.8839***
	(9.29)	(9.43)	(6.03)	(5.58)	(1.94)	(20.64)
$\ln H$	−0.2918***	−0.2710**	−0.2677***	0.0681	0.1076	0.0064
	(−2.65)	(−2.49)	(−2.43)	(0.67)	(1.02)	(0.20)
$\ln D$	−0.5841***	−0.7196***	−1.3367***	0.1720	−0.1111	0.0004*
	(−3.07)	(−3.75)	(−4.55)	(1.39)	(−0.34)	(1.02)
$\ln U$	−1.6656***	−1.5940***	−1.5098***	0.2556	0.2481	−1.0271***
	(−4.64)	(−4.47)	(−4.16)	(1.12)	(1.12)	(−8.46)
$\ln E$	0.5088***	0.5157***	0.5074***	0.7703***	0.7417***	0.6668***
	(18.57)	(19.13)	(18.63)	(11.40)	(11.07)	(10.15)
$\ln R$	−0.0879*	−0.0824**	−0.1234**	−0.0567**	−0.5664*	0.0899**
	(−1.83)	(−1.73)	(−2.53)	(−1.83)	(−1.85)	(2.53)

续表

变量	生产性服务业			制造业		
	SAR	SEM	SDM	SAR	SEM	SDM
w. ln G			0.7107** (2.43)			0.5612*** (5.28)
w. ln H			−0.1705 (−0.75)			−0.3685*** (5.75)
w. ln D			−0.1743 (−0.32)			−0.3275*** (−4.43)
w. ln U			−0.2567 (−0.34)			−0.4035 (−1.59)
w. ln E			−0.2084*** (−3.33)			−2.8255** (−2.06)
w. ln R			−0.1420 (−1.51)			0.2462*** (3.45)
δ 或 λ	0.2204*** (0.000)	0.3128*** (0.000)	0.2285*** (0.000)	−0.0088* (−0.190)	−0.1708** (−2.090)	−0.0552** (−0.750)
σ^2	0.1737 (0.943)	0.1671 (0.729)	0.6818 (1.46)	0.1835 (0.997)	0.0704 (0.608)	0.1529*** (14.39)
调整 R^2	0.9339	0.9154	0.9741	0.9178	0.9081	0.947
Log-L	−230.71	−225.19	−211.44	−239.95	−238.96	−250.59

注：***、**、*分别代表在 1%、5%、10%的水平下显著，括号内为 t 统计量，下表同。

根据显著性、拟合度以及变量的实际意义，生产性服务业和制造业均选择时间固定效应下的静态空间面板 SDM 模型进行估计。为了便于对比，本书还报告了固定效应下的非空间面板模型、非空间动态面板模型（SYS-GMM）和动态空间面板 SDM 模型的估计结果。

观察表 3-3 可知，模型 1~2（模型 5~6）均存在估计系数不显著的现象，说明不考虑内生性和空间相关性均可能导致估计结果的偏误。而考虑了内生性和空间相关性的模型 3~4（模型 7~8）的估计结果也确实更优。由模型 4（模型 8）可知，两行业碳排放的时间

表 3-3　各因素对生产性服务业和制造业碳排放的影响

变量	生产性服务业				制造业			
	非空间面板模型 模型 1	非空间动态面板模型 模型 2	静态空间面板 SDM 模型 模型 3	动态空间面板 SDM 模型 模型 4	非空间面板模型 模型 5	非空间动态面板模型 模型 6	静态空间面板 SDM 模型 模型 7	动态空间面板 SDM 模型 模型 8
L.ln CE		0.6642*** (16.27)		0.6951*** (4.67)		0.0615*** (6.17)		0.0523*** (0.58)
ln G	0.6836*** (9.00)	0.1143* (1.09)	1.6730*** (16.47)	0.6499*** (4.14)	0.4338*** (9.23)	0.3883*** (8.77)	0.4935*** (9.33)	0.5174** (8.97)
ln H	-2.9899** (-2.35)	-0.1654* (-1.52)	-0.8682*** (-9.77)	-0.1592* (-1.30)	0.2125*** (3.77)	0.3151*** (4.93)	0.3033*** (7.36)	0.1961*** (3.80)
ln D	-0.6459*** (-3.71)	-0.3728 (-1.17)	-0.9559*** (-7.07)	-0.3483* (-1.55)	0.0618 (-3.71)	0.0758 (0.78)	0.1623*** (5.97)	0.0053 (0.09)
ln U	-1.4087*** (-3.70)	-0.0739 (-0.20)	-2.5929*** (-10.51)	-0.9973** (-2.25)	-0.4216*** (-2.46)	-0.9916*** (-4.64)	-0.9744*** (-9.10)	-0.5109* (-3.1)
ln E	0.5171*** (17.61)	0.2969*** (11.49)	0.5549*** (19.21)	0.4177*** (12.65)	0.8088*** (12.55)	0.8209*** (17.43)	0.8270*** (15.60)	0.6544*** (9.77)
ln R	-0.0994* (-1.92)	-0.0274* (-1.31)	-0.1851*** (-2.76)	-0.3719* (-0.88)	-0.0581* (-1.83)	0.0119** (2.00)	0.0811** (2.51)	0.0316* (1.02)

续表

变量	生产性服务业				制造业			
	非空间面板模型 模型 1	非空间动态面板模型 模型 2	静态空间面板 SDM 模型 模型 3	动态空间面板 SDM 模型 模型 4	非空间面板模型 模型 5	非空间动态面板模型 模型 6	静态空间面板 SDM 模型 模型 7	动态空间面板 SDM 模型 模型 8
w. ln CE			0.4873*** (6.79)	0.1153*** (1.17)			-0.2533*** (-3.01)	-0.2342* (-1.54)
w. ln G			2.6195*** (7.69)	0.0061* (0.15)			-0.7123*** (-4.08)	-0.2240* (-1.70)
w. ln H			-1.8828*** (-6.47)	-0.0492* (-1.01)			0.8020*** (6.56)	0.6623*** (4.28)
w. ln D			-2.6945*** (-5.83)	0.0252* (0.35)			0.4518*** (2.73)	0.1229** (0.35)
w. ln U			-2.9228*** (-3.97)	-0.0414* (-0.01)			0.2712 (0.41)	0.6125 (1.84)
w. ln E			-0.0816 (-1.03)	-0.0054* (-0.37)			1.0650*** (6.71)	0.0143* (0.18)
w. ln R			-0.5589*** (-2.90)	-0.0161* (-0.81)			0.7840*** (8.70)	0.3976*** (4.96)

续表

变量	生产性服务业				制造业			
	非空间面板模型	非空间动态面板模型	静态空间面板 SDM 模型	动态空间面板 SDM 模型	非空间面板模型	非空间动态面板模型	静态空间面板 SDM 模型	动态空间面板 SDM 模型
	模型 1	模型 2	模型 3	模型 4	模型 5	模型 6	模型 7	模型 8
常数项	6.5262*** (1.80)	0.1586 (0.11)		0.7821 (1.26)				0.3527 (0.54)
AR (1)		-2.6696 (0.00)		-4.7291 (0.00)				-2.0384 (0.01)
AR (2)		-0.0138 (0.58)		0.1952 (0.84)				0.6691 (0.50)
Sargan P		23.4827 (1.00)		26.2651 (1.00)				30.2371 (1.00)

滞后项（L. ln CE）在 1% 的水平下均显著为正，说明碳排放具有路径依赖特征。上一期的高排放将影响下一期的碳排放，体现出"滚雪球"效应的同时，也表明了减排的紧迫性。生产性服务业和制造业的碳排放空间滞后系数在 1% 的水平下分别显著为正和为负，表明省际政府对生产性服务业和制造业的碳排放存在明显的策略性竞争，即区域间的生产性服务业碳排放存在"逐底竞争"现象，而制造业碳排放则存在"逐顶竞争"策略互动。主要原因为，在传统要素投入边际效益不断下降及发展范式全面重构的环境下，制造业相关战略明确提出创新驱动与绿色发展的理念。隶属于现代服务业的生产性服务业，虽与工业息息相关，但其具有高智力资本、高创新能力、高效率、低能耗的特征，是经济进入后工业时代的必然趋势和主要标志，也是从传统制造业向更高级产业形态提升的必然途径。在环境规制的倒逼效应和中国式分权经济考核机制的作用下，为提升经济增长质量，区域间政府竞相提升制造业门槛，间接造成生产成本增加，迫使其通过增加生产服务投入提高产品质量和技术的复杂性，以借助生产性服务业聚集带来群体竞争优势实现规模经济，故政府间的"逐底竞争"得以体现。

Lesage 和 Polasek 认为，在空间计量模型中单纯利用解释变量的估计系数衡量解释变量对被解释变量的影响是有偏误的。[①] 因此，本书将生产性服务业和制造业的各因素对碳排放的影响分解为直接效应和间接效应。

观察表 3-4 可知，生产性服务业的经济发展水平（ln$G$）直接效应和间接效应在 1% 的水平下显著为正。表明经济增长不仅有明显的直接效应，其所产生的空间溢出效应也会对碳排放增长具有显著的促进作用，其中空间溢出效应占总体效应的 75% 以上。碳排放增

---

① Lesage, J. P., Polasek, W., "Incorporating Transportation Network Structure in Spatial Econometric Models of Commodity Flows", *Spatial Economic Analysis*, 2008, 3 (2).

长的原因可能有以下几个。①现阶段我国生产性服务业，尤其是高端生产性服务业发展与发达国家相比较为落后，且占比相对不足，发展质量较低，无法与制造业形成互动，两者仅停留在相互支撑阶段。②受地区及产业政策的影响，低门槛使得更多低端的生产性服务业进入，加之地方政府缺乏顶层设计和有效规划，出现了同质化严重和恶性竞争等现象，使得专业化聚集效应对碳排放的抑制作用远低于规模效应对碳排放的促进作用。③目前，我国大部分省份生产性服务业的结构中以批发零售等低端行业为主，服务对象多为本地区或周边地区的劳动密集型和资本密集型制造业，周边地区生产性服务业的多样化聚集也可能加剧本地区碳排放。

表 3-4　SDM 模型的空间效应分解

	变量	直接效应	间接效应	总体效应
生产性服务业	$\ln G$	2.0369*** (17.91)	6.6466*** (6.57)	8.5035*** (8.07)
	$\ln H$	−1.1134*** (−11.25)	−4.3537*** (−5.79)	−5.4671*** (−7.00)
	$\ln D$	−1.2862*** (−9.03)	−5.9237*** (−6.09)	−7.2102*** (−6.84)
	$\ln U$	−3.0454*** (−11.39)	−7.8932*** (−4.53)	−10.9387*** (−5.86)
	$\ln E$	0.5762*** (19.08)	0.3573** (2.28)	0.9336*** (5.60)
	$\ln R$	−0.2562*** (−3.43)	−1.2294*** (−3.11)	−1.4856*** (−3.40)
制造业	$\ln G$	0.5260*** (11.01)	−0.7035*** (−4.77)	−0.1774 (−0.98)
	$\ln H$	0.2749*** (7.26)	0.6089*** (5.68)	0.8839*** (6.56)
	$\ln D$	0.1462*** (6.23)	0.3477*** (2.57)	0.4939*** (3.41)

续表

	变量	直接效应	间接效应	总体效应
制造业	ln *U*	−0. 9884*** (−8. 77)	0. 1836*** (0. 85)	−0. 8048*** (−4. 62)
	ln *E*	0. 7938*** (13. 99)	0. 7150*** (5. 57)	1. 5089*** (11. 43)
	ln *R*	0. 0492*** (1. 58)	0. 6439*** (7. 78)	0. 6931*** (8. 78)

就制造业而言，经济发展水平（ln *G*）直接效应和间接效应在 1%的水平下显著，总体效应为负，经济发展水平每提升 1%会使碳排放减少 0.18%。有学者认为，当制造业聚集水平超过某一特定阈值时，会对环境污染有显著的抑制作用。本书以城镇化水平作为门槛变量，表征集聚效应，对经济发展的制造业碳排放模型进行估计。[①] 如图 3-4 所示，城镇化水平在 1%的显著水平下存在单门槛。置信区间在 ［4.43，4.45］ 时，似然比小于 5%水平下的临界值 7.35，基于此可以认为城镇化水平的门槛效应估计值为真实值。当城镇化水平低于 4.43 时，经济发展水平每提升 1%，会使碳排放增加 0.39%；

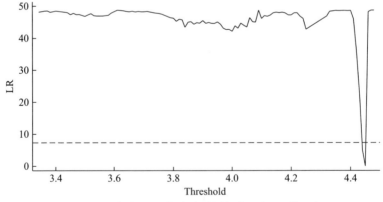

图 3-4　城镇化门槛参数的估计量与置信区间

---

① 任阳军、何彦、杨丽波、张素庸、臧海培：《生产性服务业集聚、制造业集聚对绿色创新效率的影响——基于中国城市面板数据的空间计量分析》，《系统工程》2020 年第 3 期。

当城镇化水平在 4.43~4.45 区间范围内时，作用系数则为 -0.1632。这说明经济发展水平对制造业碳排放的影响并非单调递增，而是存在"门槛"或"拐点"。

生产性服务业和制造业的人力资本（$\ln H$）对碳排放的直接效应、间接效应、总体效应均显著为负。人力资本是知识、技术、信息的创新和使用载体，集聚效应加快了知识的传播，有利于企业间交流合作，促进了新技术、新工艺、新业态和新生产方式的推广。而知识和技术的外溢则激发出更多的想法和思路，带来"马太效应"，进一步加深知识的溢出。同时，人力资本也具有资本配置能力，以要素聚集效应和要素置换效应的表现形式对自身及周边地区产业结构优化产生影响。生产性服务业人力资本每增加 1% 会使周边地区的碳排放减少 4.35%。而制造业人力资本使本地区及周边地区碳排放增加的原因为：目前我国制造业中知识型劳动力的比重明显低于技术密集型产业的比重，制造业资本深化所需的大量技能型人才处于短缺状态，偏低的受教育程度无法提升企业的创新效率。

生产性服务业的产业结构（$\ln D$）对碳排放的直接效应、间接效应、总体效应均显著为负，制造业则相反。这表明，作为低污染、高附加值的产业，生产性服务业的集中发展合理优化了资源配置，使得投入产出联系的上下游产业形成互动，技术创新会在前后向产业间传递、扩散，促使其产生新的创新，进而导致产业的扩张或收缩。生产性服务业在集聚的同时，提升了区域经济发展水平和产业竞争力，通过产业关联、专业化生产、规模报酬递增、知识溢出等作用机制，促进区域产业结构优化升级。以能源、物料为主要消耗品的制造业，其产业比重每提高 1% 会使自身及周边地区碳排放量分别增长 0.15%、0.35%。尽管生产性服务业可以发挥自身的独特优势实现与制造业的融合互动，逐渐优化传统制造业生产模式，调整制造业内部结构和能源消费结构，减少碳排放，但目前我国生产性服务业和制造业的融合度依然较低，生产性服务业的发展水平跟不上传统制造业转型升级的需求。[①]

生产性服务业和制造业的城镇化水平（$\ln U$）的直接效应和总体效应均在 1% 的水平下显著为负，对碳排放有较强的抑制作用。城市是天然的多样性的发动机，也是各种新思想和新企业的孵化器。作为先进人才、专业化设备、科研机构及科研资金的集聚地，城镇自然成了新技术的孵化地。马歇尔的集聚效应理论论证这一观点的同时，也指出集聚产生的外部性有利于提高生产效率，减少碳排放。城镇化水平每提升 1%，会使周边地区的制造业碳排放增加 0.18%，说明目前我国城镇化发展进程中存在空间分布和规模结构不合理及资源环境承载能力不强的问题。省际条块分割、各自为政，区间行政壁垒无法打破，制约了各类优质资源的合理整合，使制造业结构优化与城镇化很难形成耦合互动。加之东部城镇密集地区环境规制约束趋紧，而资源环境承载能力较强的中部、西部地区的城镇化潜力得不到开发，城市群内部分工协作不足、集群效率不高，小城镇数量多、规模性服务功能弱，增加了经济社会发展和生态环境保护的成本。

生产性服务业和制造业的能源结构（$\ln E$）对碳排放的直接效应、间接效应、总体效应均显著为正。以燃煤类能源消耗比重表征的能源结构对碳排放的拉动效应明显，且制造业远高于生产性服务业。尽管我国在经历了能源结构调整后，能源多元化日益显著，能源结构趋于合理，但受资源禀赋限制，调整空间逐渐缩小。同时，中部、西部地区绿色能源的技术相对落后、投资不足，粗放式的经济增长方式加大了制造业对化石能源的依赖。

[①] 詹浩勇、冯金丽：《西部生产性服务业集聚对制造业转型升级的影响——基于空间计量模型的实证分析》，《技术经济与管理研究》2016 年第 4 期。

生产性服务业的环境规制（ln R）对碳排放的直接效应、间接效应、总体效应均显著为负。说明环境规制对生产性服务业的碳排放有明显的抑制作用。环境污染治理投资占 GDP 的比重每提高 1%，生产性服务业会减少碳排放 1.49%。环境规制对制造业碳排放的直接效应、间接效应、总体效应均显著为正，与"波特假说"相违背。"绿色悖论"效应认为，好的意图不一定带来好的效果。[①] 规制强度的提升可能会使化石能源所有者对预期环境产生担忧，因此会在当下加速开采化石能源，导致化石能源价格下降，需求增加，碳排放增加。有文献研究提出，环境规制对技术创新的促进作用存在地区差异，"波特假说"在较落后的中西部地区难以获得支持。[②]

基于此，本书认为，第一，要分层级、分区域建立以碳排放效率为中心的多产业目标管理机制。在"十四五"期间，对目前广泛实施的重点制造业产品能耗限额标准，要及时根据技术进步的情况予以更新，制定更为严格的限额标准，从而降低碳排放强度。围绕碳排放效率的目标管理机制，研究实行以低能源强度、低排放强度、高质量发展指标为核心的产业准入政策，逐步建立产业准入负面清单制度，严格控制低效率、高能耗、高污染、高排放产业发展。

第二，生产性服务业与制造业协同发展对制造业生产效率的提升具有显著的促进作用。为进一步实现节能减排，一方面可以推动以服务为主导的订单式制造创新发展，鼓励服务企业开展个性化定制服务，推动制造业组织调整和柔性化改造；另一方面可以鼓励制造业优化供应链，推进智能化、信息化与工业化深度融合，加快植入物联网、云计算等新一代信息技术，以提高制造水平。

第三，环境问题的地区差异性、不可逆性、无法预知性决定了

---

① 伍格致、游达明：《"绿色悖论"再探析——基于经济政策不确定性视角》，《系统工程》2018 年第 10 期。

② 沈能、刘凤朝：《高强度的环境规制真能促进技术创新吗？——基于"波特假说"的再检验》，《中国软科学》2012 年第 4 期。

政府不能采取试错或实验的方式解决环境问题，寄希望于单纯的市场调节、单一的法规制度建设和消极的"逐底竞争"都将带来无法预料的风险和隐患。为使能源、经济、环境子系统协调发展，需要多管齐下，从能源、经济、生活等多个领域的源头入手，有的放矢地实现环境质量的改善。

3.3　本章小结

本章以生产性服务业和制造业为研究对象，在理论建模的基础上分析了两产业的碳排放效率动态变化特征和节能减排潜力，并进一步探讨了碳排放影响因素的作用效果，以对生产性服务业与制造业的绿色发展潜力和影响因素做出判断。

相关实证结果表明：①2004~2017 年我国制造业碳排放效率呈现出波浪式的缓增趋势，平均碳排放效率为 0.4903，生产性服务业则呈现出"W"形增长趋势，平均效率值为 0.4898；②生产性服务业和制造业可分别减排 709.47×10^6 t、6348.60×10^6 t，分别占排放总量的 56.85%、42.63%，其中生产性服务业在东部、中部、西部三个区域的减排潜力差距巨大，中部地区可节约能耗 1448.13×10^6 t，占全国的 66.69%；③生产性服务业和制造业的碳排放存在显著的空间相关性，且具有路径依赖特征，迫于减排压力省际政府存在明显的策略性竞争；④行业异质性使得经济发展水平、人力资本、产业结构、城镇化水平、能源结构、环境规制对生产性服务业和制造业的碳排放的影响存在较大差异。

第4章 生产性服务业与制造业价值关联关系

4.1 生产性服务业与制造业在国民经济中的分工

生产性服务业与制造业同属于国民经济中的一部分，其产生和发展是社会化分工不断深化的结果。根据 Riddle 的交互经济模型，采掘业（农矿业）、服务业和制造业是构成国民经济的三大部分，其中服务业是主要的经济"黏合剂"（见图 4-1）。

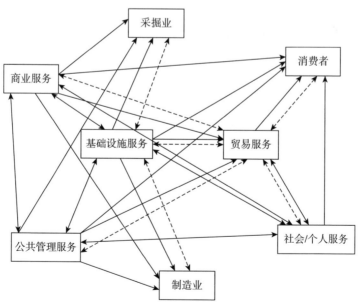

图 4-1 Riddle 的交互经济模型

由图4-1可以看出，服务业以多种多样的服务形式连接了消费者、制造业和采掘业（农矿业）。其中，与制造业部门密切相关的服务类型为公共管理服务、商业服务、基础设施服务和贸易服务，按照现在的产业部门分类标准，则涉及咨询、金融、通信、运输、教育、零售等部门，也就是主要涉及的服务要素均为前文中所界定的生产性服务业的产业范畴。生产性服务业串联起了制造业部门、消费者和采掘业部门，成为制造业发展的依托力量和桥梁。

从产业前后向关系来看，生产性服务业既连接了采掘业和制造业，同时又将制造业和消费者紧密结合起来。因此，生产性服务业与制造业既有前向关联，又有后向关联，二者的发展具有密切的产业关联的特征，这也进一步说明了生产性服务业与制造业的协同关系。

4.2　产业结构体系

产业结构的概念始于20世纪40年代，随着产业经济研究的不断深入，产业结构的概念和研究领域逐渐明确。产业结构是指，国民经济中各产业之间和产业内部各部门之间的比例关系，以及产业和部门之间的技术变动和扩散的相互联系，是各产业在其经济活动过程中形成的技术经济联系以及由此表现出来的一些比例关系。

产业结构具有系统性、层次性、有序性等特征。①产业结构的系统性。社会经济系统是一类重要的、典型的复杂系统，产业结构则是社会经济系统中的一个重要的子系统，其组成要素之间必定存在某种相互依赖和相互作用的关系。②产业结构的层次性。在产业结构系统中，层次性的特点要求各产业的发展应当在一国经济发展的总目标下，不断追求整个产业结构的合理化和高级化。③产业结构的有序性。产业结构系统的有序性表现为结构内各产业的发展及整个结构的演进应遵循一定的经济发展规律，而整个产业结构的演进，就是在经济发展的不同阶段，依次有相应的产业作为主导产业，影响和带动其他产业的发展，从而使整个产业结构的演进反映出一定的规律。

根据各学者对产业结构系统的定义和世界各国的通用标准[①]，本书构建了如图 4-2 所示的产业结构体系。

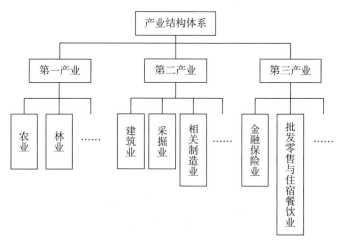

图 4-2　产业结构体系

图 4-2 中对于三次产业的基本划分已经得到了普遍的认同，但在第三层次的产业子系统的划分上，各国存在不同的标准和尺度。比较流行的三次产业分类法是"克拉克大分类法"，其将农业、畜牧业、渔业、林业划为第一产业，制造业、采矿业、建筑业和公用事业划为第二产业，运输通信业、批发零售业、金融业、房地产业、服务业和国家机关等公务业划为第三产业。但是，在实际的应用上，各国存在一定的区别，并没有一个绝对统一的标准。

本书从考察生产性服务业与制造业在产业结构体系中的地位的角度出发，在三次产业的基本划分的基础上，对各产业部门进行了

---

① 　陈宝森：《剖析美国"新经济"》，中国财政经济出版社，2002。

重新组合和定位，重点将生产性服务业与制造业作为层次划分对象，并在图 4-2 的第二层次与第三层次之间加入了一个新的层次，对产业结构体系进行了新的界定，以明确生产性服务业和制造业的结构关系。

根据国民经济行业分类标准和前文的定义，生产性服务业包括的产业部门有交通运输、仓储和邮政业，信息传输、计算机服务和软件业，金融业，房地产业，租赁和商务服务业，科学研究、技术服务和地质勘查业，教育，文化、体育和娱乐业。将除此之外的其他产业部门划分为如下产业集：农、林、牧、渔业产业集，包括第一产业，即农、林、牧、渔业内的所有产业部门；制造业产业集，包括制造业大类下的所有 32 个产业部门；其他第二产业集，包含采矿业、建筑业和电力、燃气及水的生产和供应业三大产业部类下的所有子产业小类，共 13 个产业部门；其他服务产业集，包括第三产业中除包含在生产性服务业内的产业之外的所有产业部门，主要包括住宿和餐饮业，水利、环境和公共设施管理业，居民服务和其他服务业，公共管理和社会组织及其他服务产业几大类。需要说明的是，在国民经济统计的实践中，经常会将住宿和餐饮业与批发零售业合为一个产业部门进行统计，因此有时也将住宿和餐饮业计入现代服务业的统计范畴。2017 年，国民经济产业统计口径在产业细分部门上进行了一些调整。因此，本书在细分部门上根据对应统计口径对数据进行了处理，住宿和餐饮业与批发零售业仍作为独立的产业部门进行数据统计。在此基础上，可以对上文的产业结构体系进行修改，得到如图 4-3 所示的产业结构细分体系。

产业结构体系中三次产业之间的结构呈现规律变化的趋势：第一产业的增加值和就业人数在国内生产总值和全部就业人数中的比重在大多数国家呈不断下降的趋势，但是这种下降趋势会在一定阶段趋于减弱，两个指标的比重会在一定程度上保持稳定；第二产业

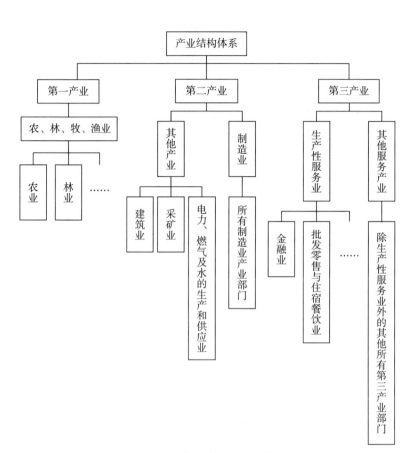

图 4-3　产业结构细分体系

的增加值和就业人数占国内生产总值和全部就业人数的比重呈现出先上升后下降的趋势，20 世纪 60 年代前，大多数国家呈上升趋势，而之后，发达国家呈现出下降的趋势，其中传统工业的下降趋势更为明显；而第三产业，尤其是服务业的增加值和就业人数占国内生产总值和全部就业人数的比重呈现上升趋势，在发达国家，工业比重呈现下降趋势的阶段，第三产业的发展较为迅速，目前发达国家的服务业所占的比重都超过了 60%。

对产业结构体系进行分析可以发现，产业结构体系是一个由诸多相互作用的经济元组成的动态系统，各产业部门是这一系统的主体要素。如图 4-3 所示，虽然产业结构体系具有层次性，各产业部门具有相对独立性，但是这些部门之间存在相互影响，使得整个产业体系呈现出系统性和复杂性的特征。首先，各个产业部门之间的联系广泛而紧密，构成了一个复杂的经济网络，每一个子系统（产业部门）的变化都会受到其他子系统变化的影响，同时也会产生反作用力，引起其他子系统的变化。其次，产业结构体系的多层次性说明其具有复杂性特征，每一个层次都是构成上一层次的单元，同时对整个产业结构系统的功能的实现产生影响。最后，产业结构体系虽然具有相对稳定性，但其层次结构会不断地随经济环境等因素的变化而变化。产业结构体系是开放的产业系统，既会受到外部环境的影响，也会受内部产业部门发展变化的影响，具有相对的不确定性。

由此可知，产业结构体系是一个复杂的系统，其各组成部分之间存在循环的、连锁的关系。

4.3 基于复杂系统的产业结构层次体系

4.3.1 基本结构

系统的特点之一就是层次性，即在大系统下有次级子系统，每一个次级子系统下还有第三级子系统，即可以认为系统具有层次结构。层次结构的基本含义是：系统的各个组成部分是组成它们的下一级组分的系统，同时又是它们上一级组分的组成部分。前文产业结构体系的分类原则之一就是系统的层次性，层次性在一定程度上决定了系统的复杂性，因此，就有了复杂系统的概念。

复杂系统指的是由许多子系统组成的大规模系统，日本的系统工程专家浅居喜代治表示，系统整体复杂性程度的大体标准是独立度。他认为，独立度反映的是构成系统的要素或子系统间关系的关联度，也就是说，各要素或子系统间越相互干涉，彼此之间的关联度就越高，则各要素或子系统的独立度越低，系统就越复杂。[①] 西蒙指出，复杂系统往往表现出层级结构，因此，也可以将复杂系统称为层级系统。[②]

在复杂系统中，子系统之间、子系统内部各要素之间的作用属于不同层级的相互作用，而由于层级的存在，子系统之间的相互作用要远远弱于子系统内部要素之间的相互作用，它们往往有数量级的差别。同时，属于不同子系统的要素之间的相互作用一般较同一子系统内部要素之间的相互作用要弱些，这也是划分不同子系统的一个基本原则。也就是说，复杂系统的层次结构中，不仅有层次之间的、上一级系统与下一级系统之间的相互作用，子系统之间的、子系统内部的要素之间的相互作用，不同子系统的要素之间，也有着千丝万缕的关联，这也进一步说明了系统的复杂性。

由关联度的大小，即独立程度，还可以进一步定义，如果子系统是完全独立的，则认为系统是可以分解的，如果子系统间的相互作用很弱，但是又不可以忽略不计，则认为系统为近可分解系统。层级系统的划分标准实际上也与要素和子系统之间的关联度有关，一般来说，层级系统的子系统之间有着较弱的不可忽略的相互作用，因此，层级系统往往是近可分解系统。

对于复杂的层级系统的基本特点，西蒙认为，在近可分解系统中，每个子系统的短期行为都与其他子系统的短期行为近似无关，而从长远来看，每个子系统的行为都以总体的方式取决于其他子系统的行为[③]，这可以由图 4-4 来说明。

---

① 〔日〕浅居喜代治编著《现代人机工程学概论》，刘高送译，科学出版社，1992。
② 〔美〕赫伯特·A. 西蒙：《管理决策新科学》，李柱流等译，中国社会科学出版社，1982。
③ 〔美〕赫伯特·A. 西蒙：《管理决策新科学》，李柱流等译，中国社会科学出版社，1982。

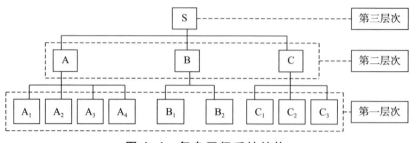

图 4-4　复杂层级系统结构

4.3.2　复杂层级系统基本结构

在图 4-4 中，大系统 S 由三个要素 A、B、C 构成，而这三个要素又分别由要素 A_1、A_2、A_3、A_4，B_1、B_2，C_1、C_2、C_3 构成，这就形成了一个简化的层级系统的结构模型。大系统 S 形成了三个层次，第一层次的要素 A_1、A_2、A_3、A_4 构成了系统 A，B_1、B_2 构成了系统 B，C_1、C_2、C_3 构成了系统 C，系统 A、B、C 是第二层次的要素，三者又构成了第三层次的大系统 S，则 S 是整体系统。位于第二层次的 A、B、C 三个系统即系统 S 的子系统，它们对于第三层次的要素来说是系统，同时又是构成整体系统 S 的要素。

在这个层级系统结构中，第一层次同一子系统内的要素之间的作用要强于第二层次三个子系统之间的作用，并且一般认为这种作用有数量级的差别。根据西蒙的观点，短期内，子系统 A 与其他子系统 B、C 无关，而长期内，A 中要素的行为，仅通过它隶属的子系统 A 与子系统 B、C 的相互作用而受到其他两个子系统中的要素的影响，子系统 A 中的要素 A_1、A_2、A_3、A_4 之间的相互作用要强于它们与其他子系统的要素之间的相互作用。

4.3.3　产业结构层次体系

按照复杂系统理论，一个国家或地区的产业系统应当呈现出层级结构，即产业系统下分若干个子系统，每个子系统下又分若干个次子系统……而且根据系统"整体大于部分之和"的特点，可以推断，在一定条件下，不同层级上的要素的相互作用在层级结构的影响下会发生质变，从而带动整个产业系统发生变化，促进产业结构体系的升级与优化。[①]

如前所述，描述系统复杂性程度的大体标准是独立度，即各要素之间、各子系统之间的关联度。根据产业关联理论，可以用产业间关联系数的大小来反映产业相互作用的强弱，从产业部门的投入产出的角度，运用里昂惕夫逆矩阵来度量产业要素之间的相互作用，从而划分出产业系统的层级结构。

根据里昂惕夫逆矩阵 $D = d_{ij}$，可以按照里昂惕夫逆矩阵系数的大小，将矩阵内的所有元素分成五类，假定为五个层次：第一层次，$d_{ij} \geqslant 0.5$；第二层次，$0.3 \leqslant d_{ij} < 0.5$；第三层次，$0.1 \leqslant d_{ij} < 0.3$；第四层次，$0.03 \leqslant d_{ij} < 0.1$；第五层次，$d_{ij} < 0.03$。对这五个层次进行划分后，分层进行分析，分析的方法是：根据产业系统的近可分解理论，其他产业间的相互作用在本层级可以忽略，从而得到系统在每一层级作用力标准下的布尔邻接矩阵 A。

首先，设置等级关联矩阵 L：

$$L = (l_{ij}), l_{ij} = \begin{cases} 1, & d_{ij} \text{满足该层级条件}, i \neq j \\ 0, & \text{其他} \end{cases}$$

布尔邻接矩阵 $A = L \cup I$，其中，I 是与 L 同阶的单位矩阵。

这种产业间的相互作用不仅包括产业间的直接影响和间接影响，还包括产业间的派生影响，邻接矩阵不能完全反映产业间的关联度，因此，还需要进一步计算每一层级的可达矩阵 R。在关联作用下，

---

① 刘永清、周传世：《广东省产业系统的层级结构模型及其应用》，《系统工程理论与实践》1999 年第 3 期。

元素 i 通过有限步可达的全部元素的集合，称为元素 i 的可达集。

设产业的个数，即产业系统内的产业数量为 n，则可达矩阵为：

$$R = (I \oplus A)^{n-1}$$

$I \oplus A$ 为邻接矩阵的传递闭包，即产业系统中的每一个元素都有一个自身的影响因素，使得可达矩阵的对角线元素全为1，则可以得到可达矩阵的计算公式为：

$$R = (I \oplus A)^{n-1} = (I \oplus A)^n = (I \oplus A)^{n+1} = \cdots$$

每一层级的可达矩阵中等于1的元素相应的产业即为该层级所包含的产业，仅看对角线元素为1的产业，即可得出每一层级所包含的产业范围，从而建立起产业系统的层级结构模型。

4.4　产业价值关联关系测算

根据 2017 年中国投入产出表，本书对生产性服务业部门和制造业部门进行了筛选，并根据本书所设定的生产性服务业和制造业产业门类对数据进行了合并处理，在进行直接消耗系数的计算后，根据完全消耗系数的定义，可以得出里昂惕夫逆矩阵。由上文的可达矩阵定义，按照国民经济统计的顺序对产业部门进行编号，可以得到以下不同层级的可达矩阵。

4.4.1　第一层级

由 $d_{ij} \geqslant 0.5$ 可以得到本层级的可达矩阵 A_1，进而得到可达矩阵 R_1：

$$R_1 = \begin{vmatrix} 1 & 0 & 0 & 0 & 0 & 1 & 0 & 0 & 0 & 0 & 0 & 0 & 0 & 0 & 0 & 0 & 0 & 0 & 0 & 0 & 0 & 0 & 0 & 0 & 0 & 0 & 0 & 0 & 0 & 0 & 0 & 0 \\ 0 & 1 & 0 & 0 & 0 & 0 & 0 & 0 & 0 & 0 & 0 & 0 & 0 & 0 & 0 & 0 & 0 & 0 & 0 & 0 & 0 & 0 & 0 & 0 & 0 & 0 & 0 & 0 & 0 & 0 & 0 & 0 \\ 0 & 0 & 1 & 0 & 0 & 0 & 0 & 0 & 1 & 0 & 0 & 0 & 0 & 0 & 1 & 0 & 0 & 0 & 0 & 0 & 0 & 0 & 0 & 0 & 0 & 0 & 0 & 0 & 0 & 0 & 0 & 0 \\ 0 & 0 & 1 & 0 & 0 & 0 & 0 & 0 & 0 & 0 & 0 & 0 & 0 & 0 & 0 & 0 & 0 & 0 & 0 & 0 & 0 & 0 & 0 & 0 & 0 & 0 & 0 & 0 & 0 & 0 & 0 & 0 \\ 0 & 0 & 0 & 1 & 0 & 0 & 0 & 0 & 0 & 0 & 0 & 0 & 0 & 0 & 0 & 0 & 0 & 0 & 0 & 0 & 0 & 0 & 0 & 0 & 0 & 0 & 0 & 0 & 0 & 0 & 0 & 0 \end{vmatrix}$$

```
0 0 0 0 0 1 0 0 0 0 0 0 0 0 0 0 0 0 0 0 0 0 0 0 0 0 0 0 0 0 0 0 0 0 0 0 0
0 0 0 0 0 0 1 1 0 0 0 0 0 0 0 0 0 0 0 0 0 0 0 0 0 0 0 0 0 0 0 0 0 0 0 0 0
0 0 0 0 0 1 0 0 0 0 0 0 0 0 0 0 0 0 0 0 0 0 0 0 0 0 0 0 0 0 0 0 0 0 0 0 0
0 0 0 0 0 0 0 1 0 0 1 0 0 0 0 0 0 0 0 0 0 0 0 0 0 0 0 0 0 0 0 0 0 0 0 0 0
0 0 0 0 0 0 0 1 0 0 0 0 0 0 0 0 0 0 0 0 0 0 0 0 0 0 0 0 0 0 0 0 0 0 0 0 0
0 0 0 0 0 0 0 1 0 0 0 0 0 0 0 0 0 0 0 0 0 0 0 0 0 0 0 0 0 0 0 0 0 0 0 0 0
0 0 0 0 0 0 0 0 1 0 0 0 0 0 0 0 0 0 0 0 0 0 0 0 0 0 0 0 0 0 0 1 0 0 0 0 0
0 0 0 0 0 0 0 0 1 0 0 0 0 0 0 0 0 0 0 0 0 0 0 0 0 0 0 0 0 0 0 0 0 0 0 0 0
0 0 0 0 0 0 0 0 0 1 1 1 0 1 0 0 0 0 0 0 0 0 0 0 0 0 0 0 0 0 0 0 0 0 0 0 0
0 0 0 0 0 0 0 0 0 1 0 0 0 0 0 0 0 0 0 0 0 0 0 0 0 0 0 0 0 0 0 0 0 0 0 0 0
0 0 0 0 0 0 0 0 0 0 1 0 0 0 0 0 0 0 0 0 0 0 0 0 0 0 0 0 0 0 0 0 0 0 0 0 0
0 0 0 0 0 0 0 0 0 0 0 1 0 0 0 0 0 0 0 0 0 0 0 0 0 0 0 0 0 0 0 0 0 0 0 0 0
0 0 0 0 0 0 0 0 0 0 0 0 1 0 0 0 0 0 0 0 0 0 0 0 0 0 0 0 0 0 0 0 0 0 0 0 0
0 0 0 0 0 0 0 0 0 0 0 1 1 0 0 0 0 0 0 0 0 0 0 0 0 0 0 0 0 0 0 0 0 0 0 0 0
0 0 0 0 0 0 0 0 0 0 0 0 0 1 0 0 0 0 0 0 0 0 0 0 0 0 0 0 0 0 0 0 0 0 0 0 0
0 0 0 0 0 0 0 0 0 0 0 0 0 0 1 0 0 0 0 0 0 0 0 0 0 0 0 0 0 0 0 0 0 0 0 0 0
0 0 0 0 0 0 0 0 0 0 0 0 0 0 0 1 0 0 0 0 0 0 0 0 0 0 0 0 0 0 0 0 0 0 0 0 0
0 0 0 0 0 0 0 0 0 0 0 0 0 0 0 0 1 0 0 0 0 0 0 0 0 0 0 0 0 0 0 0 0 0 0 0 0
0 0 0 0 0 0 0 0 0 0 0 0 0 0 0 0 0 1 0 0 0 0 0 0 0 0 0 0 0 0 0 0 0 0 0 0 0
0 0 0 0 0 0 0 0 0 0 0 0 0 0 0 0 0 0 1 0 0 0 0 0 0 0 0 0 0 0 0 0 0 0 0 0 0
0 0 0 0 0 0 0 0 0 0 0 0 0 0 0 0 0 0 0 1 0 0 0 0 0 0 0 0 0 0 0 0 0 0 0 0 0
0 0 0 0 0 0 0 0 0 0 0 0 0 0 0 0 0 0 0 0 1 0 0 0 0 0 0 0 0 0 0 0 0 0 0 0 0
0 0 0 0 0 0 0 0 0 0 0 0 0 0 0 0 0 0 0 0 0 1 0 0 0 0 0 0 0 0 0 0 0 0 0 0 0
0 0 0 0 0 0 0 0 0 0 0 0 0 0 0 0 0 0 0 0 0 0 1 0 0 0 0 0 0 0 0 0 0 0 0 0 0
0 0 0 0 0 0 0 0 0 0 0 0 0 0 0 0 0 0 0 0 0 0 0 1 0 0 0 0 0 0 0 0 0 0 0 0 0
0 0 0 0 0 0 0 0 0 0 0 0 0 0 0 0 0 0 0 0 0 0 0 0 1 0 0 0 0 0 0 0 0 0 0 0 0
0 0 0 0 0 0 0 0 0 0 0 0 0 0 0 0 0 0 0 0 0 0 0 0 0 1 0 0 0 0 0 0 0 0 0 0 0
0 0 0 0 0 0 0 0 0 0 0 0 0 0 0 0 0 0 0 0 0 0 0 0 0 0 1 0 0 0 0 0 0 0 0 0 0
0 0 0 0 0 0 0 0 0 0 0 0 0 0 0 0 0 0 0 0 0 0 0 0 0 0 0 1 0 0 0 0 0 0 0 0 0
0 0 0 0 0 0 0 0 0 0 0 0 0 0 0 0 0 0 0 0 0 0 0 0 0 0 0 0 1 0 0 0 0 0 0 0 0
0 0 0 0 0 0 0 0 0 0 0 0 0 0 0 0 0 0 0 0 0 0 0 0 0 0 0 0 0 1 0 0 0 0 0 0 0
0 0 0 0 0 0 0 0 0 0 0 0 0 0 0 0 0 0 0 0 0 0 0 0 0 0 0 0 0 0 1 0 0 0 0 0 0
0 0 0 0 0 0 0 0 0 0 0 0 0 0 0 0 0 0 0 0 0 0 0 0 0 0 0 0 0 0 0 1 0 0 0 0 0
0 0 0 0 0 0 0 0 0 0 0 0 0 0 0 0 0 0 0 0 0 0 0 0 0 0 0 0 0 0 0 0 1 0 0 0 0
0 0 0 0 0 0 0 0 0 0 0 0 0 0 0 0 0 0 0 0 0 0 0 0 0 0 0 0 0 0 0 0 0 1 0 0 0
0 0 0 0 0 0 0 0 0 0 0 0 0 0 0 0 0 0 0 0 0 0 0 0 0 0 0 0 0 0 0 0 0 0 1 0 0
0 0 0 0 0 0 0 0 0 0 0 0 0 0 0 0 0 0 0 0 0 0 0 0 0 0 0 0 0 0 0 0 0 0 0 1 0
0 0 0 0 0 0 0 0 0 0 0 0 0 0 0 0 0 0 0 0 0 0 0 0 0 0 0 0 0 0 0 0 0 0 0 0 1
```

由该可达矩阵可以得到第一层级所包含的产业有：01 农林牧渔业，03 石油和天然气开采业，06 食品制造及烟草加工业，07 纺织业，08 纺织服装鞋帽皮革羽绒及其制品业，11 石油加工、炼焦及核燃料加工业，12 化学工业，14 金属冶炼及压延加工业，15 金属制品业，16 通用、专用设备制造业，18 电气机械及器材制造业，19 通信设备、计算机及其他电子设备制造业，20 仪器仪表及文化办公用机械制造业，24 燃气生产和供应业，40 卫生、社会保障和社会福利业。

对该层级所包含的产业分析其可达集与先行集，则可以进一步确定层级关系，得到第一层级可达集和先行集列表（见表 4-1）。

表 4-1　第一层级可达集和先行集

产业序号	可达集序号	先行集序号	交集序号
01	01，06	01	01
03	03，11，24	03	03
06	06	01，06	06
07	07，08	07	07
08	08	07，08	08
11	11	03，11	11
12	12，40	12	12
14	14，15，16，18	14	14
15	15	14，15	15
16	16	14，16	16
18	18	14，18	18
19	19，20	19	19
20	20	19，20	20
24	24	3，24	24
40	40	12，40	40

由表 4-1 可知，产业 01、06 在一级作用下关联，构成一个一级子系统，同样，产业 03、11、24，产业 07、08，产业 12、40，产业 14、15、16、18，产业 19、20 也分别在一级作用下关联，构成一级子系统，则可以由此做出第一层级系统结构图，如图 4-5 所示。

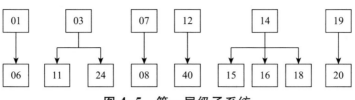

图 4-5　第一层级子系统

4.4.2　第二层级

在产业间的一级关联作用下形成了六个子系统，其中的产业以子系统的形式与其他的产业发生关联作用，因此，可以将这些子系统看成一个整体，忽略其内部产业的关联作用，重新进行编号，分析产业系统的第二层级结构。

为了便于将分析结果与投入产出表的产业类目进行对比，除去第一层级中的 15 个产业，其他产业的编号不变，而将 {01，06} 子系统记为 01_1，{03，11，24} 子系统记为 03_1，{07，08} 子系统记为 07_1，{12，40} 子系统记为 12_1，{14，15，16，18} 子系统记为 14_1，{19，20} 子系统记为 19_1，则可以形成新的等级关联矩阵 $L_1 = (l_{ij})_{33 \times 33}$，当 $0.3 \leqslant d_{ij} < 0.5$ 时，$l_{ij} = 1$，其他则为 0。

按照上文的方法，得到新的第二层级的可达矩阵 R_2：

$$R_2 = \begin{bmatrix}
1 & 0 & 0 & 0 & 0 & 1 & 0 & 0 & 0 & 0 & 0 & 0 & 0 & 0 & 0 & 0 & 0 & 0 & 0 & 0 & 0 & 1 & 0 & 0 & 0 & 0 & 0 & 0 & 0 & 0 & 0 & 0 & 0 \\
0 & 1 & 0 & 0 & 0 & 0 & 0 & 0 & 0 & 0 & 0 & 0 & 0 & 0 & 0 & 0 & 0 & 0 & 0 & 0 & 0 & 0 & 0 & 0 & 0 & 0 & 0 & 0 & 0 & 0 & 0 & 0 & 0 \\
0 & 0 & 1 & 0 & 0 & 0 & 0 & 0 & 0 & 0 & 0 & 0 & 0 & 0 & 0 & 0 & 0 & 0 & 0 & 0 & 0 & 0 & 0 & 0 & 0 & 0 & 0 & 0 & 0 & 0 & 0 & 0 & 0 \\
0 & 0 & 0 & 1 & 0 & 0 & 0 & 0 & 0 & 0 & 0 & 0 & 0 & 0 & 0 & 0 & 0 & 0 & 0 & 0 & 0 & 0 & 0 & 0 & 0 & 0 & 0 & 0 & 0 & 0 & 0 & 0 & 0 \\
0 & 0 & 0 & 0 & 1 & 0 & 0 & 0 & 0 & 0 & 0 & 0 & 0 & 0 & 0 & 0 & 0 & 0 & 0 & 0 & 0 & 0 & 0 & 0 & 0 & 0 & 0 & 0 & 0 & 0 & 0 & 0 & 0 \\
0 & 0 & 0 & 0 & 0 & 1 & 0 & 0 & 0 & 0 & 0 & 0 & 0 & 0 & 0 & 0 & 0 & 0 & 0 & 0 & 0 & 0 & 0 & 0 & 0 & 0 & 0 & 0 & 0 & 0 & 0 & 0 & 0 \\
0 & 0 & 0 & 0 & 0 & 0 & 1 & 0 & 0 & 0 & 0 & 0 & 0 & 0 & 0 & 0 & 0 & 0 & 0 & 0 & 0 & 0 & 0 & 0 & 0 & 0 & 0 & 0 & 0 & 0 & 0 & 0 & 0 \\
0 & 0 & 0 & 0 & 0 & 0 & 0 & 1 & 0 & 0 & 0 & 0 & 0 & 0 & 0 & 0 & 0 & 0 & 0 & 0 & 0 & 0 & 0 & 0 & 0 & 0 & 0 & 0 & 0 & 0 & 0 & 0 & 0 \\
0 & 0 & 0 & 0 & 0 & 1 & 1 & 1 & 1 & 0 & 0 & 1 & 1 & 0 & 0 & 0 & 0 & 0 & 0 & 0 & 0 & 0 & 0 & 0 & 0 & 0 & 0 & 0 & 0 & 0 & 0 & 0 & 0 \\
0 & 0 & 0 & 0 & 0 & 0 & 0 & 0 & 0 & 1 & 0 & 0 & 0 & 0 & 0 & 0 & 0 & 0 & 0 & 0 & 0 & 0 & 0 & 0 & 0 & 0 & 0 & 0 & 0 & 0 & 0 & 0 & 0 \\
0 & 0 & 0 & 0 & 0 & 0 & 1 & 1 & 0 & 0 & 1 & 0 & 0 & 1 & 0 & 0 & 0 & 0 & 0 & 0 & 0 & 0 & 0 & 0 & 0 & 0 & 0 & 0 & 0 & 0 & 0 & 0 & 0 \\
0 & 0 & 0 & 0 & 0 & 0 & 0 & 1 & 0 & 0 & 1 & 0 & 0 & 0 & 0 & 0 & 0 & 0 & 0 & 0 & 0 & 0 & 0 & 0 & 0 & 0 & 0 & 0 & 0 & 0 & 0 & 0 & 0 \\
0 & 0 & 0 & 0 & 0 & 0 & 0 & 0 & 0 & 1 & 0 & 0 & 0 & 0 & 0 & 0 & 0 & 0 & 0 & 0 & 0 & 0 & 0 & 0 & 0 & 0 & 0 & 0 & 0 & 0 & 0 & 0 & 0 \\
0 & 0 & 0 & 0 & 0 & 0 & 0 & 0 & 0 & 0 & 0 & 1 & 0 & 0 & 0 & 0 & 0 & 0 & 0 & 0 & 0 & 0 & 0 & 0 & 0 & 0 & 0 & 0 & 0 & 0 & 0 & 0 & 0 \\
0 & 0 & 0 & 1 & 0 & 0 & 0 & 0 & 0 & 0 & 0 & 0 & 0 & 1 & 1 & 0 & 0 & 0 & 0 & 0 & 0 & 0 & 0 & 0 & 0 & 0 & 0 & 0 & 0 & 0 & 0 & 0 & 0 \\
\end{bmatrix}$$

```
0 0 0 0 0 0 0 0 0 0 0 0 1 0 0 0 0 0 0 0 0 0 0 0 0 0 0 0 0 0
0 0 0 0 0 0 0 0 0 0 0 0 0 1 0 0 0 0 0 0 0 0 0 0 0 0 0 0 0 0
0 0 0 0 0 0 0 0 0 0 0 0 0 0 1 0 0 0 0 0 0 0 0 0 0 0 0 0 0 0
0 0 0 0 0 0 0 0 0 0 0 0 0 0 0 1 0 0 0 0 0 0 0 0 0 0 0 0 0 0
0 0 0 0 0 0 0 0 0 0 0 0 0 0 0 0 1 0 0 0 0 0 0 0 0 0 0 0 0 0
0 0 0 0 0 0 0 0 0 0 0 0 0 0 0 0 0 1 0 0 0 0 0 0 0 0 0 0 0 0
0 0 0 0 0 0 0 0 0 0 0 0 0 0 0 0 0 0 1 0 0 0 0 0 0 0 0 0 0 0
0 0 0 0 0 0 0 0 0 0 0 0 0 0 0 0 0 0 0 1 0 0 0 0 0 0 0 0 0 0
0 0 0 0 0 0 0 0 0 0 0 0 0 0 0 0 0 0 0 0 1 0 0 0 0 0 0 0 0 0
0 0 0 0 0 0 0 0 0 0 0 0 0 0 0 0 0 0 0 0 0 1 0 0 0 0 0 0 0 0
0 0 0 0 0 0 0 0 0 0 0 0 0 0 0 0 0 0 0 0 0 0 1 0 0 0 0 0 0 0
0 0 0 0 0 0 0 0 0 0 0 0 0 0 0 0 0 0 0 0 0 0 0 1 0 0 0 0 0 0
0 0 0 0 0 0 0 0 0 0 0 0 0 0 0 0 0 0 0 0 0 0 0 0 1 0 0 0 0 0
0 0 0 0 0 0 0 0 0 0 0 0 0 0 0 0 0 0 0 0 0 0 0 0 0 1 0 0 0 0
0 0 0 0 0 0 0 0 0 0 0 0 0 0 0 0 0 0 0 0 0 0 0 0 0 0 1 0 0 0
0 0 0 0 0 0 0 0 0 0 0 0 0 0 0 0 0 0 0 0 0 0 0 0 0 0 0 1 0 0
0 0 0 0 0 0 0 0 0 0 0 0 0 0 0 0 0 0 0 0 0 0 0 0 0 0 0 0 1 0
0 0 0 0 0 0 0 0 0 0 0 0 0 0 0 0 0 0 0 0 0 0 0 0 0 0 0 0 0 1
```

根据新的可达矩阵，可以得到第二层级所包含的产业有：01_1 农林牧渔业子系统，04 金属矿采选业，07_1 纺织业子系统，09 木材加工及家具制造业，10 造纸印刷及文教体育用品制造业，12_1 化学工业子系统，14_1 金属冶炼及压延加工业子系统，17 交通运输设备制造业，19_1 通信设备、计算机及其他电子设备制造业子系统，21 工艺品及其他制造业，23 电力、热力的生产和供应业，25 水的生产和供应业，26 建筑业，31 住宿和餐饮业。

第二层级可达集与先行集分析结果见表4-2。

表4-2 第二层级可达集和先行集

产业序号	可达集序号	先行集序号	交集序号
01_1	01_1，07_1，31	01_1	01_1
04	04	04，23	04
07_1	07_1	01_1，07_1，12_1	07_1
09	09	09，12_1	09
10	10	10，12_1	10
12_1	07_1，09，10，12_1，19_1，21	12_1	12_1

续表

产业序号	可达集序号	先行集序号	交集序号
14_1	14_1，17，26	14_1	14_1
17	17	14_1，17	17
19_1	19_1	12_1，19_1	19_1
21	21	12_1，21	21
23	04，23，25	23	23
25	25	23，25	25
26	26	14_1，26	26
31	31	01_1，31	31

由第二层级的可达矩阵分析结果可以推出第二层级系统结构图
（见图 4-6）。

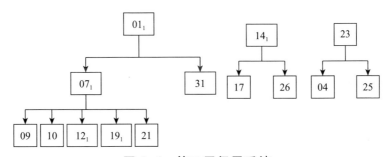

图 4-6　第二层级子系统

4.4.3　第三层级

当 $0.1 \leqslant d_{ij} < 0.3$ 时，$l_{ij} = 1$。同上述方法一致，也可以由此推导出
第三层级的产业结构图（见图 4-7），等级相关矩阵为 $L_2 = (l_{ij})_{22 \times 22}$。

在三级产业关联作用下，03_2 石油和天然气开采业子系统，14_2
金属冶炼及压延加工业子系统，23_2 电力、热力的生产与供应业子系
统，27 交通运输及仓储业子系统之间是相互作用的强关联作用，无
法分级，因此是位于同一等级的相互作用的子系统。

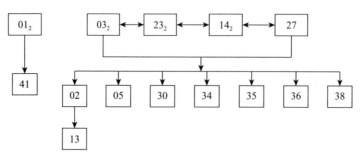

图 4-7　第三层级子系统

4.4.4　第四层级

当 $0.03 \leqslant d_{ij} < 0.1$ 时，$l_{ij} = 1$。可以得到第四层级可达集和先行集（见表 4-3）。

表 4-3　第四层级可达集和先行集

产业序号	可达集序号	先行集序号	交集序号
01_3	01_3, 03_3, 23_3, 14_3, 27_3, 28, 29, 32, 33, 37, 39, 42	01_3, 03_3, 14_3, 22, 27_3, 29, 32, 33	01_3, 03_3, 14_3, 27_3, 29, 32, 33
03_3	01_3, 03_3, 23_3, 14_3, 27_3, 28, 29, 32, 33, 37, 39, 42	01_3, 03_3, 14_3, 22, 27_3, 29, 32, 33	01_3, 03_3, 14_3, 27_3, 29, 32, 33
23_3	23_3	01_3, 03_3, 23_3, 14_3, 22, 27_3, 29, 32, 33	23_3
14_3	01_3, 03_3, 23_3, 14_3, 27_3, 28, 29, 32, 33, 37, 39, 42	01_3, 03_3, 14_3, 22, 27_3, 29, 32, 33	01_3, 03_3, 14_3, 27_3, 29, 32, 33
22	01_3, 03_3, 23_3, 14_3, 22, 27_3, 28, 29, 32, 33, 37, 39, 42	01_3, 03_3, 14_3, 22, 27_3, 29, 32, 33	01_3, 03_3, 14_3, 22, 27_3, 29, 32, 33

续表

产业序号	可达集序号	先行集序号	交集序号
27_3	01_3，03_3，23_3，14_3，27_3，28，29，32，33，37，39，42	01_3，03_3，14_3，22，27_3，29，32，33	01_3，03_3，14_3，27_3，29，32，33
28	28	01_3，03_3，14_3，22，27_3，28，29，32，33	28
29	01_3，03_3，23_3，14_3，27_3，28，29，32，33，37，39，42	01_3，03_3，14_3，22，27_3，29，32，33	01_3，03_3，14_3，27_3，29，32，33
32	01_3，03_3，23_3，14_3，27_3，28，29，32，33，37，39，42	01_3，03_3，14_3，22，27_3，29，32，33	01_3，03_3，14_3，27_3，29，32，33
33	01_3，03_3，23_3，14_3，27_3，28，29，32，33，37，39，42	01_3，03_3，14_3，22，27_3，29，32，33	01_3，03_3，14_3，27_3，29，32，33
37	37	01_3，03_3，14_3，22，27_3，29，32，37	37
39	39	01_3，14_3，22，27_3，29，32，39	39
42	42	01_3，14_3，22，27_3，29，32，42	42

由表 4-3 可以得到第四层级的产业系统结构图（见图 4-8）。

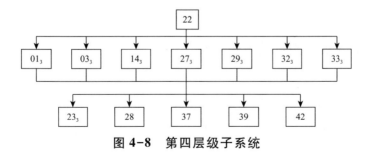

图 4-8　第四层级子系统

由此，所有产业部门都已经进入产业层级系统中，分析到此为止，不需要再进行下一层级的分析，综合上面几个层级的分析，可以得出产业结构体系的层级系统。如图 4-9 所示，由产业结构层次体系图可以清晰看到产业系统的结构状况，同时，也可以发现，各层级子系统内产业间的关联作用强于不同子系统产业间的关联作用。由于系统的短期行为仅与子系统内部的作用有关，而长期行为才与子系统的作用有关，且同一子系统内部要素间的支配作用是按层次进行的，因此，通过产业结构体系的层次分析图，可以清楚地了解某段时间内，当某个产业发生波动后，其波动的影响范围、影响强度和影响方式，便于迅速地指导在适当范围内对策的适当性取向，使产业结构体系的分析具有直观性。

由图 4-9 可以看到，产业结构体系中有一个强关联区域，即为图中虚线标出来的范围。这一区域的产业关联范围大，其中任意一个产业的变动都可以带动连续几个层次的产业体系的显著变动，也就是说，这一区域内的产业对产业结构体系具有很强的影响。进一步观察这一区域内的产业可以发现，生产性服务业的各分支产业，虽然分布的层次不同，但是基本位于这一范围内。因此，可以说，生产性服务业与制造业的价值关联关系对产业结构体系具有重要的影响。

4.5　本章小结

本章根据复杂系统理论和社会网络分析方法，从生产性服务业和制造业的产业价值关联关系入手展开研究。基于 2017 年投入产出表，对我国产业结构的层级结构特征进行了分析，展示了我国生产性服务业与制造业各产业部门在产业体系中所处的位置，确立了各分支产业部门的产业价值关联关系，进一步说明了生产性服务业与制造业在国民经济体系中的地位与作用。

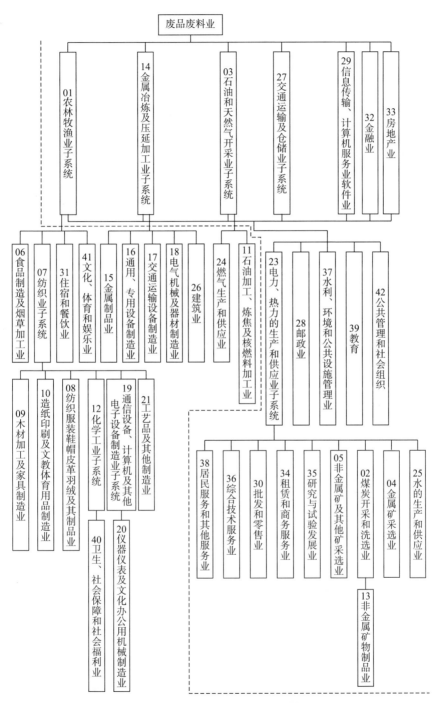

图 4-9　我国产业结构层级体系

第5章 生产性服务业与制造业
绿色协同发展程度评价

从上文的产业结构层级体系分析中可以看到，生产性服务业与制造业在产业关联体系中有着紧密的价值关联关系。现有的研究成果也认可了生产性服务业与制造业协同发展的重要性。本章进一步引入"绿色"尺度，根据前文的生产性服务业与制造业绿色全要素生产率核算结果，从不同的角度对生产性服务业与制造业的绿色协同发展程度进行评价与度量。

耦合效应是近年来对社会复杂系统之间的多元内在关系进行研究的有效视角。国内研究目前分析耦合效应的模型包括双指数模型[1]、耦合度模型[2]、灰色关联度模型[3]、动态耦合模型[4]等。为深入地剖析生产性服务业与制造业的绿色协同发展水平，本书拟从包括耦合协调度在内的多个视角对二者的协同发展程度进行测度与检验。

---

[1] 黄金川、方创琳：《城市化与生态环境交互耦合机制与规律性分析》，《地理研究》2003年第2期。

[2] 胡喜生、洪伟、吴承祯：《福州市土地生态系统服务与城市化耦合度分析》，《地理科学》2013年第10期；曹诗颂、赵文吉、段福洲：《秦巴特困连片区生态资产与经济贫困的耦合关系》，《地理研究》2015年第7期。

[3] 杨雪梅、杨太保、石培基、吴文婕、刘海猛：《西北干旱地区水资源-城市化复合系统耦合效应研究：以石羊河流域为例》，《干旱区地理》2014年第1期。

[4] 乔标、方创琳：《城市化与生态环境协调发展的动态耦合模型及其在干旱区的应用》，《生态学报》2005年第11期。

5.1　基于耦合协调度模型的生产性服务业 与制造业绿色协同程度评价

5.1.1　耦合协调度模型原理

耦合协调度模型使用耦合度阐释若干子系统之间的相互关系，并进一步使用协调发展度对整个系统进行综合评价与研究[①]，被广泛应用于包括环境、经济、社会在内的诸多系统间耦合发展水平的实证研究。

本书将生产性服务业与制造业视作经济系统中的两个子系统，设二者的耦合协调度为 C，根据姜磊等对耦合模型修正研究的成果[②]，耦合协调度 C 的规模公式为：

$$C = \left[\frac{\prod\limits_{i=1}^{n} U_i}{\left(\dfrac{1}{n} \sum\limits_{i=1}^{n} U_i \right)^n} \right]^{\frac{1}{n}} \tag{5-1}$$

其中，n 为子系统个数；U_i 为各子系统值，其分布区间为 $[0, 1]$。因此，可知耦合协调度 C 的取值范围也在 $[0, 1]$。C 越大，子系统间的离散程度越低，耦合度越高，说明子系统之间的耦合程度越高；反之，说明耦合度越低，子系统之间的耦合程度也越低。

本书在耦合协调分析中，将生产性服务业与制造业视为两个子系统，即子系统的个数 $n=2$，则可以将式（5-1）变换为：

---

① 钱丽、陈忠卫、肖仁桥：《中国区域工业化、城镇化与农业现代化耦合协调度及其影响因素研究》，《经济问题探索》2012 年第 11 期。

② 姜磊、柏玲、吴玉鸣：《中国省域经济、资源与环境协调分析——兼论三系统耦合公式及其扩展形式》，《自然资源学报》2017 年第 5 期。

$$C = \sqrt{\frac{U_1 U_2}{\left(\dfrac{U_1 + U_2}{2}\right)^2}} = \frac{2\sqrt{U_1 U_2}}{U_1 + U_2} \qquad (5-2)$$

利用式（5-2）对耦合协调度进行测算时，如果两个子系统的值较为接近，会导致耦合协调度 C 的分布区间不平均，从而使得耦合协调度 C 的效度降低。[①]

因此，由耦合协调度模型进一步引出了协调发展度 D 和综合评价指数 T 的概念，其中，综合评价指数 T 体现各子系统间的互补关系：

$$T = \sum_{i=1}^{n} \alpha_i \times U_i, \quad \sum_{i=1}^{n} \alpha_i = 1 \qquad (5-3)$$

其中，U_i 为第 i 个子系统的标准化值；α_i 为第 i 个子系统的权重。

协调发展度 D 的计算公式为：

$$D = \sqrt{C \times T} = \sqrt{\left[\frac{\prod\limits_{i=1}^{n} U_i}{\left(\dfrac{1}{n}\sum\limits_{i=1}^{n} U_i\right)^n}\right]^{\frac{1}{n}} \times \sum_{i=1}^{n} \alpha_i U_i} \qquad (5-4)$$

大部分研究假设各子系统的重要性一致，即 $\alpha_1 = \alpha_2 = \cdots = \alpha_n = \dfrac{1}{n}$。

在这一情形下，协调发展度的公式也被简化处理，从而影响了模型的使用效度。为解决这一问题，本书借鉴王淑佳等的方法[②]，对耦合协调度 C 进行修正：

[①] 姜磊、柏玲、吴玉鸣：《中国省域经济、资源与环境协调分析——兼论三系统耦合公式及其扩展形式》，《自然资源学报》2017 年第 5 期。

[②] 王淑佳、孔伟、任亮、治丹丹、戴彬婷：《国内耦合协调度模型的误区及修正》，《自然资源学报》2021 年第 3 期。

$$C = \sqrt{\left[1 - \frac{\sum\limits_{i>j,j=1}^{n} \sqrt{(U_i - U_j)^2}}{\sum\limits_{m=1}^{n-1} m}\right] \times \left(\prod\limits_{i=1}^{n} \frac{U_i}{\max U_i}\right)^{\frac{1}{n-1}}} \qquad (5-5)$$

$$T = \sum_{i=1}^{n} \alpha_i \times U_i \ , \ \sum_{i=1}^{n} \alpha_i = 1 \qquad (5-6)$$

$$D = \sqrt{C \times T} \qquad (5-7)$$

在本书中，仅有两个子系统，即 $n=2$，假定 $\max U_i$ 为 U_2：

$$C = \sqrt{\left[1 - \sqrt{(U_2 - U_1)^2}\right] \times \frac{U_1}{U_2}} = \sqrt{\left[1 - (U_2 - U_1)\right] \times \frac{U_1}{U_2}} \quad (5-8)$$

$$T = \alpha_1 U_1 + \alpha_2 U_2 \ , \ \alpha_1 + \alpha_2 = 1 \qquad (5-9)$$

此时，可以有效地解决耦合协调度模型的效度问题，并在一定程度上提高模型的信度。

5.1.2　生产性服务业与制造业系统评价模型

在前文的研究中，已经分别测算了生产性服务业与制造业的绿色全要素生产率，从目前的数据来看，各省份的生产性服务业与制造业绿色全要素生产率存在很大的差异，且制造业系统和生产性服务业系统绿色全要素生产率的大小关系在各省份也不相同。但由于绿色全要素生产率是以 1 为标准值，存在大于 1 的情况，不符合耦合协调计算的基本要求，因此，在对生产性服务业与制造业的绿色协调发展水平进行测算时不能直接用绿色全要素生产率，而是要先进行标准化处理，采用熵值法对生产性服务业与制造业子系统进行评价，具体方法如下。

第一，构建指标数据矩阵：

$$A = \begin{pmatrix} X_{11} & \cdots & X_{1m} \\ \vdots & & \vdots \\ X_{n1} & \cdots & X_{nm} \end{pmatrix}_{n \times m} \qquad (5-10)$$

其中，X_{ij} 为第 i 个方案的第 j 个指标的数值。如指标存在负数数值，就需要对数据进行非负化处理。

第二，数据标准化处理。

正向指标：

$$X'_{ij} = \frac{X_{ij} - \min(X_{1j}, X_{2j}, \cdots, X_{nj})}{\max(X_{1j}, X_{2j}, \cdots, X_{nj}) - \min(X_{1j}, X_{2j}, \cdots, X_{nj})} \qquad (5-11)$$

负向指标：

$$X'_{ij} = \frac{\max(X_{1j}, X_{2j}, \cdots, X_{nj}) - X_{ij}}{\max(X_{1j}, X_{2j}, \cdots, X_{nj}) - \min(X_{1j}, X_{2j}, \cdots, X_{nj})} \qquad (5-12)$$

进行数据平移，以避免求熵值时对数无意义。

正向指标：

$$X'_{ij} = \frac{X_{ij} - \min(X_{1j}, X_{2j}, \cdots, X_{nj})}{\max(X_{1j}, X_{2j}, \cdots, X_{nj}) - \min(X_{1j}, X_{2j}, \cdots, X_{nj})} + 1 \qquad (5-13)$$

负向指标：

$$X'_{ij} = \frac{\max(X_{1j}, X_{2j}, \cdots, X_{nj}) - X_{ij}}{\max(X_{1j}, X_{2j}, \cdots, X_{nj}) - \min(X_{1j}, X_{2j}, \cdots, X_{nj})} + 1 \qquad (5-14)$$

第三，计算第 j 个指标下第 i 个方案占该指标的比重：

$$P_{ij} = \frac{X_{ij}}{\sum_{i=1}^{n} X_{ij}}, j = 1, 2, \cdots, m \qquad (5-15)$$

第四，计算第 j 个指标的熵值：

$$e_j = -k \times \sum_{i=1}^{n} P_{ij} \ln(P_{ij}) \qquad (5-16)$$

其中，$k>0$，$e_j \geqslant 0$。常数 k 与样本数 m 有关，一般情况下，令

$k = \dfrac{1}{\ln (m)}$，则 $0 \leqslant e \leqslant 1$。

第五，计算差异系数。

对于第 j 个指标，指标值 X_{ij} 的差异越大，对方案评价的作用越大，熵值就越小。$g_j = 1 - e_j$，则 g_j 越大指标越重要。

第六，计算权数：

$$W_j = \frac{g_j}{\sum\limits_{j=1}^{m} g_j}, j = 1, 2, \cdots, m \tag{5-17}$$

第七，计算各方案的综合得分：

$$S_i = \sum\limits_{j=1}^{m} W_j \times P_{ij}, i = 1, 2, \cdots, n \tag{5-18}$$

5.1.3　生产性服务业与制造业绿色协调水平

根据上文构建的生产性服务业与制造业绿色全要素生产率评价指标体系，受生产性服务业部分指标数据空缺限制，本书测算了 2004~2017 年 28 个省份的协调发展度。

本书借鉴唐晓华等的评价标准[1]，对生产性服务业与制造业的绿色协调水平设定的判定标准如表 5-1 所示。

表 5-1　生产性服务业与制造业绿色协调水平判定标准

	可接受区间				过渡区间	
协调数值	$0.9<D\leqslant1$	$0.8<D\leqslant0.9$	$0.7<D\leqslant0.8$	$0.6<D\leqslant0.7$	$0.5<D\leqslant0.6$	$0.4<D\leqslant0.5$
基本类型	优质协调发展	良好协调发展	中级协调发展	初级协调发展	勉强协调发展	濒临失调衰退

---

[1]　唐晓华、张欣钰、李阳：《中国制造业与生产性服务业动态协调发展实证研究》，《经济研究》2018 年第 3 期。

续表

	不可接受区间					
协调数值	0.3<D≤0.4	0.2<D≤0.3	0.1<D≤0.2	0<D≤0.1		
基本类型	轻度失调衰退	中度失调衰退	重度失调衰退	极度失调衰退		

根据判定标准，可以得到2004～2017年各省份协调发展的类型，如表5-2所示。由表5-2可知，我国28个省份的生产性服务业与制造业的绿色协调发展水平变化趋势并不相同，但是协调发展类型均为中级协调发展或者良好协调发展。

本书分别对2017年和2004年的绿色协调发展类型变化进行对比分析，总结在研究区间内各省份生产性服务业与制造业绿色协调发展水平的变化特征，结果如表5-3所示。由表5-3可知，相对于2004年，2017年生产性服务业与制造业绿色协调发展水平处于良好协调的省份明显增多，包括北京、天津、河北、吉林、上海、安徽、河南、广东、重庆、四川、陕西、新疆在内的12个省份实现了绿色协调发展水平的提升，仅有4个省区出现了绿色协调发展水平下降的现象。结合区域产业特征来看，2017年只有6个省区的生产性服务业与制造业绿色协调水平仍处于中级协调。其中，除湖南外，其他仍处于中级协调的省区主要集中于北方地区，且均为资源型省区，如内蒙古、黑龙江、辽宁、青海、宁夏。其中，内蒙古、青海和宁夏均是当前我国主要的能源供给省区，黑龙江、辽宁则是传统的煤炭资源供应基地，这些区域的绿色协调发展水平与当地的产业结构特征密切相关。尤其是黑龙江和辽宁，作为我国的老工业基地，面临较大的产业转型和经济振兴压力，产业结构单一化特征明显，产业系统脆弱性既影响了当地的经济发展，也导致其绿色协调水平难以提升，甚至出现下降现象，振兴老工业基地、实现高质量发展的任务仍任重道远。

表 5-2　2004~2017 年 28 个省份的生产性服务业与制造业绿色协调发展类型

省份	2004年	2005年	2006年	2007年	2008年	2009年	2010年	2011年	2012年	2013年	2014年	2015年	2016年	2017年
北京	中级协调	中级协调	良好协调	中级协调	良好协调	良好协调	良好协调	中级协调	良好协调	良好协调	良好协调	良好协调	良好协调	良好协调
天津	中级协调	中级协调	中级协调	中级协调	良好协调	良好协调	良好协调	良好协调	良好协调	良好协调	良好协调	良好协调	良好协调	良好协调
河北	中级协调	中级协调	中级协调	中级协调	中级协调	中级协调	良好协调	良好协调	良好协调	良好协调	良好协调	良好协调	良好协调	良好协调
内蒙古	良好协调	中级协调	良好协调	良好协调	良好协调	中级协调	良好协调	良好协调	良好协调	良好协调	良好协调	中级协调	中级协调	中级协调
吉林	中级协调	中级协调	中级协调	中级协调	中级协调	良好协调	良好协调	良好协调	良好协调	良好协调	良好协调	中级协调	中级协调	良好协调
辽宁	中级协调	中级协调	中级协调	良好协调	良好协调	良好协调	良好协调	良好协调	良好协调	良好协调	良好协调	良好协调	中级协调	中级协调
黑龙江	良好协调	良好协调	良好协调	良好协调	良好协调	良好协调	良好协调	良好协调	中级协调	良好协调	良好协调	良好协调	良好协调	中级协调
上海	中级协调	良好协调	良好协调	良好协调	中级协调	良好协调	良好协调	良好协调	良好协调	良好协调	良好协调	中级协调	中级协调	中级协调
江苏	良好协调	良好协调	良好协调	中级协调	良好协调	良好协调	良好协调	良好协调	良好协调	良好协调	良好协调	良好协调	良好协调	良好协调
浙江	良好协调	中级协调	良好协调	良好协调	良好协调	良好协调	良好协调	良好协调	良好协调	良好协调	良好协调	良好协调	良好协调	良好协调

续表

省份	2004年	2005年	2006年	2007年	2008年	2009年	2010年	2011年	2012年	2013年	2014年	2015年	2016年	2017年
安徽	中级 协调	中级 协调	良好 协调	良好 协调	良好 协调	良好 协调	良好 协调	良好 协调	良好 协调	良好 协调	良好 协调	良好 协调	良好 协调	良好 协调
福建	良好 协调	良好 协调	良好 协调	良好 协调	良好 协调	良好 协调	中级 协调	良好 协调	良好 协调	良好 协调	良好 协调	良好 协调	良好 协调	良好 协调
江西	良好 协调	良好 协调	良好 协调	良好 协调	良好 协调	良好 协调	良好 协调	中级 协调	良好 协调	良好 协调	良好 协调	良好 协调	良好 协调	良好 协调
山东	良好 协调	良好 协调	中级 协调	中级 协调	良好 协调	良好 协调	良好 协调	良好 协调	良好 协调	良好 协调	良好 协调	良好 协调	良好 协调	良好 协调
河南	中级 协调	中级 协调	中级 协调	中级 协调	中级 协调	良好 协调	良好 协调	良好 协调	良好 协调	良好 协调	良好 协调	良好 协调	良好 协调	良好 协调
湖北	良好 协调	良好 协调	良好 协调	良好 协调	良好 协调	良好 协调	良好 协调	中级 协调	良好 协调	良好 协调	良好 协调	良好 协调	良好 协调	良好 协调
湖南	良好 协调	中级 协调	中级 协调	中级 协调	中级 协调	中级 协调	良好 协调	良好 协调	良好 协调	良好 协调	中级 协调	中级 协调	中级 协调	中级 协调
广东	良好 协调	良好 协调	良好 协调	良好 协调	中级 协调	良好 协调	良好 协调	良好 协调	良好 协调	良好 协调	良好 协调	良好 协调	良好 协调	良好 协调
广西	良好 协调	良好 协调	良好 协调	良好 协调	良好 协调	良好 协调	良好 协调	良好 协调	良好 协调	良好 协调	良好 协调	良好 协调	良好 协调	良好 协调
重庆	中级 协调	良好 协调	良好 协调	良好 协调	良好 协调	良好 协调	良好 协调	良好 协调	良好 协调	良好 协调	良好 协调	良好 协调	良好 协调	良好 协调

续表

省份	2004年	2005年	2006年	2007年	2008年	2009年	2010年	2011年	2012年	2013年	2014年	2015年	2016年	2017年
四川	中级协调	良好协调	良好协调	良好协调	良好协调	中级协调	良好协调	良好协调	良好协调	良好协调	良好协调	良好协调	良好协调	良好协调
贵州	良好协调	良好协调	中级协调	中级协调	良好协调	良好协调	良好协调	良好协调	中级协调	良好协调	中级协调	良好协调	良好协调	良好协调
云南	良好协调	中级协调	中级协调	良好协调	良好协调	良好协调	良好协调	良好协调	良好协调	良好协调	良好协调	良好协调	良好协调	良好协调
陕西	中级协调	良好协调	良好协调	良好协调	中级协调	良好协调	中级协调	中级协调	中级协调	中级协调	良好协调	良好协调	良好协调	良好协调
甘肃	良好协调	良好协调	良好协调	良好协调	中级协调	良好协调	良好协调	中级协调	中级协调	良好协调	良好协调	良好协调	良好协调	良好协调
青海	中级协调	良好协调	中级协调	中级协调	中级协调	良好协调	中级协调	中级协调	中级协调	良好协调	良好协调	中级协调	中级协调	中级协调
宁夏	良好协调	良好协调	良好协调	良好协调	良好协调	良好协调	良好协调	良好协调	良好协调	良好协调	良好协调	良好协调	良好协调	中级协调
新疆	中级协调	中级协调	良好协调	中级协调	良好协调	良好协调	良好协调	良好协调	良好协调	良好协调	良好协调	良好协调	良好协调	良好协调

表 5-3　2004~2017 年生产性服务业与制造业绿色协调发展水平变化特征

变化特征	表现形式	省份
绿色协调水平提升	中级协调→良好协调	北京、天津、河北、吉林、上海、安徽、河南、广东、重庆、四川、陕西、新疆
绿色协调水平不变	中级协调→中级协调 良好协调→良好协调	辽宁、青海、江苏、浙江、福建、江西、山东、湖北、广西、贵州、云南、甘肃
绿色协调水平下降	良好协调→中级协调	内蒙古、黑龙江、湖南、宁夏

下面针对这些发生变化的区域的绿色协调发展做具体分析。

第一，协调水平提升状况。由图 5-1 和图 5-2 可知，在生产性服务业与制造业协调水平提升的省份，在 2004~2017 年的时间范围内，绿色协调发展指标数值存在一定程度的波动，河南和广东显示出了较为明显的协调水平提升特征，数值变化较大，河北的协调水平提升也较为明显，但在这一过程中，其波动幅度也最为显著。四川、陕西和上海的绿色协调水平虽然也从中级协调提升到了良好协调，但其指标数值变化幅度并不大。

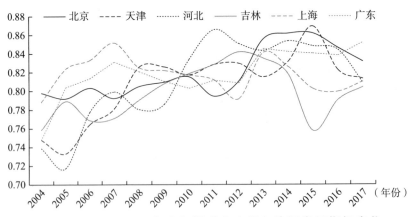

图 5-1　2004~2017 年东部提升省市绿色协调发展指标变化

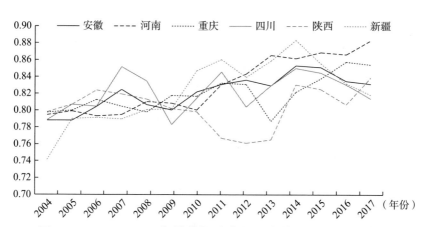

图 5-2　2004～2017 年其他提升省份绿色协调发展指标变化

第二，协调水平下降情况。如图 5-3 所示，2004～2017 年，协调等级下调的省区的指标数值存在不同程度的波动。2004 年，这 4 个省区的协调发展指标数值比较接近。

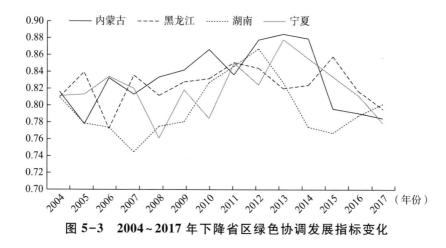

图 5-3　2004～2017 年下降省区绿色协调发展指标变化

5.2　生产性服务业与制造业协同集聚特征

大多数学者认为，生产性服务业与制造业的协同主要体现在产业集聚上，因此本书对生产性服务业与制造业的协同集聚情况进行了分析。

借鉴 Ellison 等[1]和陈建军等[2]的方法，采用 E-G 共同集聚指数对协同集聚水平进行测度，具体公式如下：

$$R_{mp} = \begin{cases} 1 - \dfrac{|S_{mi} - S_{pi}|}{|S_{mi} + S_{pi}|}, & S_{mi} + S_{pi} \geq 1 \\ \text{不考虑}, & S_{mi} + S_{pi} < 1 \end{cases} \quad (5-19)$$

$$i = 1, 2, \cdots, n$$

其中，R_{mp} 表示生产性服务业与制造业的协同集聚指数，S_{mi} 和 S_{pi} 分别表示制造业和生产性服务业在各省份的集聚水平，即产业区位熵，m 代表制造业，p 代表生产性服务业，i 代表不同省份，则：

$$S_{mi} = \frac{e_{mi}/E_m}{e_i/E} \quad (5-20)$$

$$S_{pi} = \frac{e_{pi}/E_p}{e_i/E} \quad (5-21)$$

其中，e_{mi} 代表 i 省份制造业从业人员总数，e_{pi} 表示 i 省份生产性服务业从业人员总数，e_i 表示 i 省份所有产业的就业人员总数，E_m 和 E_p 分别表示全部省份的制造业和生产性服务业的从业人员总数，E 表示全部省份的所有产业的从业人员总数。

根据公式（5-20）和公式（5-21），本书继续对 2004~2017 年的生产性服务业与制造业的产业集聚水平进行测算，发现生产性服务业与制造业的区位熵指数均大于 1，利用公式（5-19）对协同集聚指数进行测算，得到表 5-4 所示结果。

---

[1] Ellison, G., Glaeser, E. L., Kerr, W. R., "What Cause Industry Agglomeration? Evidence from Agglomeration Patters", *American Economic Review*, 2010, (2).

[2] 陈建军、刘月、邹苗苗：《产业协同集聚下的城市生产效率增进——基于融合创新与发展动力转换背景》，《浙江大学学报》（人文社会科学版）2016 年第 3 期。

表 5-4　2004~2017 年生产性服务业与制造业的协同集聚指数

省份	2004 年	2005 年	2006 年	2007 年	2008 年	2009 年	2010 年	2011 年	2012 年	2013 年	2014 年	2015 年	2016 年	2017 年
北京	0.58	0.58	0.53	0.50	0.47	0.49	0.48	0.47	0.44	0.39	0.44	0.44	0.42	0.43
天津	0.72	0.73	0.72	0.77	0.85	0.92	0.99	0.99	0.97	0.90	0.87	0.88	0.93	0.96
河北	0.29	0.29	0.27	0.26	0.26	0.33	0.26	0.31	0.29	0.27	0.28	0.30	0.32	0.31
内蒙古	0.46	0.49	0.50	0.49	0.48	0.47	0.47	0.44	0.46	0.51	0.50	0.48	0.49	0.62
吉林	0.40	0.47	0.42	0.41	0.45	0.50	0.54	0.57	0.58	0.64	0.66	0.74	0.69	0.81
辽宁	0.67	0.69	0.67	0.65	0.65	0.67	0.67	0.67	0.64	0.62	0.63	0.71	0.70	0.78
黑龙江	0.57	0.54	0.51	0.49	0.47	0.48	0.42	0.39	0.37	0.35	0.33	0.23	0.24	0.25
上海	0.85	0.86	0.92	0.99	0.96	0.96	0.93	0.92	0.87	0.84	0.98	0.95	0.91	0.85
江苏	0.78	0.88	0.91	0.94	0.97	0.93	0.86	0.85	0.94	0.71	0.69	0.66	0.58	0.51
浙江	0.67	0.68	0.70	0.71	0.67	0.65	0.63	0.63	0.62	0.68	0.60	0.52	0.53	0.53
安徽	0.37	0.35	0.36	0.32	0.26	0.25	0.29	0.30	0.31	0.34	0.36	0.40	0.45	0.53
福建	0.75	0.76	0.77	0.80	0.82	0.84	0.86	0.86	0.88	0.78	0.80	0.82	0.94	0.99
江西	0.43	0.42	0.44	0.45	0.47	0.50	0.59	0.60	0.61	0.60	0.64	0.76	0.77	0.79
山东	0.95	0.97	0.98	0.99	0.96	0.99	0.99	0.99	1.00	0.98	0.96	0.86	0.76	0.64
河南	0.87	0.88	0.90	0.92	0.95	0.99	1.00	0.98	0.99	0.93	0.95	0.97	0.98	0.91
湖北	0.43	0.41	0.42	0.38	0.41	0.46	0.50	0.58	0.62	0.74	0.93	0.93	0.90	0.95

续表

省份	2004年	2005年	2006年	2007年	2008年	2009年	2010年	2011年	2012年	2013年	2014年	2015年	2016年	2017年
湖南	0.31	0.30	0.29	0.27	0.27	0.29	0.32	0.35	0.35	0.36	0.40	0.42	0.33	0.35
广东	0.74	0.74	0.90	0.82	0.81	0.83	0.80	0.94	0.98	0.79	0.62	0.44	0.16	0.44
广西	0.26	0.25	0.25	0.37	0.41	0.43	0.44	0.40	0.43	0.46	0.48	0.47	0.47	0.52
重庆	0.37	0.35	0.37	0.33	0.34	0.35	0.36	0.59	0.67	0.70	0.82	0.95	0.95	0.88
四川	0.34	0.33	0.34	0.33	0.37	0.36	0.36	0.41	0.43	0.47	0.47	0.50	0.51	0.37
贵州	0.20	0.32	0.32	0.32	0.42	0.43	0.42	0.44	0.53	0.53	0.59	0.68	0.74	0.86
云南	0.41	0.40	0.37	0.41	0.42	0.43	0.42	0.43	0.42	0.37	0.37	0.39	0.42	0.43
陕西	0.56	0.59	0.51	0.46	0.46	0.53	0.56	0.52	0.94	0.93	0.89	0.75	0.74	0.74
甘肃	0.39	0.34	0.43	0.29	0.28	0.30	0.29	0.44	0.45	0.45	0.48	0.58	0.59	0.90
青海	0.46	0.46	0.46	0.47	0.45	0.47	0.48	0.47	0.45	0.36	0.34	0.35	0.38	0.43
宁夏	0.51	0.49	0.47	0.66	0.56	0.49	0.58	0.58	0.59	0.48	0.77	0.77	0.75	0.77
新疆	0.48	0.46	0.40	0.43	0.45	0.47	0.46	0.40	0.38	0.35	0.35	0.37	0.39	0.95

由表 5-4 可以看出，生产性服务业与制造业的协同集聚指数在不同的省份有很大的差异。2017 年，天津、福建、河南、湖北、新疆、甘肃等省份的协同集聚指数较高，均超过了 0.9，其次是吉林、上海、重庆、贵州等省市，江苏、广东、山东等传统经济大省的协同集聚指数偏低，北京的协同集聚指数也较低，这符合我国的经济发展实际特征。江苏、广东、山东均为制造业大省，生产性服务业的集聚水平相对于制造业来说较低，北京则与上述三省相反，北京近年来包括高科技行业、金融业等在内的生产性服务业集聚水平较高，制造业受环境保护等产业政策引导，大量外迁，集聚水平不高，因此其协同集聚指数也较低。协同集聚水平最低的是黑龙江、河北等省份，这些省份在产业结构上有着明显的工业化特征，因此产业协同集聚水平较低。

从随时间变化的特征上来看，福建、重庆、贵州、甘肃等省市的生产性服务业与制造业协同集聚水平有明显的提升，山东、广东等地则有明显的下降，这也说明了不同区域在产业重心调整上的变化与差异。

5.3　本章小结

本章针对生产性服务业与制造业的绿色发展水平，以及区域集聚特征，对生产性服务业与制造业的绿色协同发展情况进行了分析与评价。经过分析可以发现，生产性服务业与制造业的绿色协调发展类型均为中级协调发展或者良好协调发展，生产性服务业与制造业在协同程度上仍存在很大的提升空间，而且不同区域生产性服务业与制造业的绿色协调水平有着很明显的差异。

此外，本章进一步对生产性服务业与制造业的协同集聚水平进行了分析，发现在我国经济相对发达的省份，生产性服务业与制造业的协同集聚水平反而较低，这与各省份的经济结构特征相对应。中西部地区的部分省份在协同集聚水平上有明显的提升，说明这些省份在发展过程中已经开始重视生产性服务业与制造业的协同发展问题。

第6章 生产性服务业与制造业的
绿色协同机制

从产业发展的过程来看，生产性服务业是从制造业中分化出来的，是产业价值链分工进一步深化的结果。现有研究对于生产性服务业与制造业的协同关系尚未形成统一的认识，但从产业关联上来看，生产性服务业与制造业的互动性已经相当明显。为进一步厘清生产性服务业与制造业在绿色发展过程中的协同关系，本章从价值链的角度，基于投入和产出视角来剖析二者的绿色协同性，并对这种协同关系进行检验与分析。

6.1 生产性服务业与制造业绿色协同的理论分析

从专业化分工的角度来看，根据产业发展的进程，生产性服务业是产业专业化分工进一步深化的结果。英国古典经济学家威廉·配第的配第-克拉克定理提出，随着经济发展和国民收入水平提高，劳动力从第一产业向第二产业再向第三产业也就是服务业转移。生产性服务业的出现，既是第二产业分工深化的结果，也是服务业高级化发展的结果。在制造业演进的过程中，为更好地聚焦于产业的核心价值环节，制造业内部的一些专业化的服务职能逐步被分离出来，形成一种新的产业发展趋势——"服务外包"，也就是由外部的专业化服务产业部门为制造业提供原本在制造业内部的一些服务功能，在将内部职能外部化的同时，实现职能的替代或补充。这些为制造业提供中间投入和专业化服务，以提升其效率为特征的产业部门就是生产性服务业的来源。[①]

从相互关系上来看，生产性服务业与制造业之间有专业分工上的互补与协同关系，是产业关联上的"需求方"和"供给方"。这种专业分工，一方面有助于制造业更为专注于自己的核心业务，提高内部各职能部门之间协调与沟通的效率，节约管理成本，提升组织效率；另一方面为生产性服务业提供了庞大的客户资源与市场，促进了生产性服务业的专业化，带动了产业部门的发展。

从产业价值链的角度来看，迈克尔·波特的价值链理论指出，产业价值链不同环节的附加价值不同，即形成附加价值存在差异的"微笑曲线"。"微笑曲线"的中间环节，即低端的加工生产、制造，是价值链中附加价值最低的环节。因此，对于制造业产业来说，提升自身的产业附加值通常有两个途径，一个是向"微笑曲线"两端的研发和品牌服务环节攀升，另一个是整体提升"微笑曲线"。但自工业化进程进入中期以来，对于制造业产业来说，在"微笑曲线"两端寻求附加价值的提升对长期以加工生产为主要业务的中国制造业企业来说，在投入回报上有些"得不偿失"。因此，制造业可通过与生产性服务业的价值链协同，实现生产性服务业对于其产品的价值嵌入，基于产业部门的关联关系带来的溢出效应，实现生产性服务业与其的资源优化配置，同时实现价值链提升。

从区域经济发展的角度来看，生产性服务业与制造业的协同有利于区域经济的集聚和区域创新能力的提升。现有研究证实，区域经济的发展水平与服务业内部结构的优化具有紧密关系，经济发展

---

① 程大中：《中国生产性服务业的水平、结构及影响——基于投入—产出法的国际比较研究》，《经济研究》2008 年第 1 期。

水平越高，服务业内部结构越趋向于高级化与合理化，而经济发展水平越低，服务业结构越不合理。[①] 生产性服务业是在产业结构高级化过程中形成的产业部门，以知识密集型和资本密集型产业为主，能够在一定程度上促进区域产业结构的调整，具有较为典型的空间集聚效应[②]，能够在区域范围内产生规模经济效应、竞争效应、专业化效应和知识溢出效应等[③]。对于制造业产业来说，与生产性服务业协同发展可以将生产性服务业的这些效应引入自身的生产活动中，进一步提升自身生产效率，并促进产业创新能力提升，提升区域经济活力。根据经济学的增长极理论，生产性服务业与制造业的协同能够在区域范围内形成新的经济增长极，从而带动区域经济的发展。

从产业绿色可持续发展的角度来看，生产性服务业以知识和资本密集型产业为主体，除交通运输业外，其他产业部门均不属于高能源消耗部门。通过上述的专业化分工、价值链增值以及区域产业集聚，利用知识和技术的溢出可以提升制造业的生产效率。通过加入服务要素，改变制造业部门投入要素结构，可以降低制造业的能源消耗水平，从而实现生产性服务业与制造业的绿色协同发展。

综上所述，在生产性服务业与制造业的绿色协同发展中，专业化分工、价值链增值和区域产业集聚以及绿色转型的作用过程是一个交互的、复杂的综合作用过程，可以用图 6-1 阐释。

---

① 何青松、张春瑞、李泽昀：《生产性服务业提升制造业产业高度的实证分析》，《山东大学学报》（哲学社会科学版）2011 年第 4 期。

② 顾乃华：《我国城市生产性服务业集聚对工业的外溢效应及其区域边界——基于 HLM 模型的实证研究》，《财贸经济》2011 年第 5 期。

③ 唐荣、顾乃华：《上游生产性服务业价值链嵌入与制造业资源错配改善》，《产业经济研究》2018 年第 3 期。

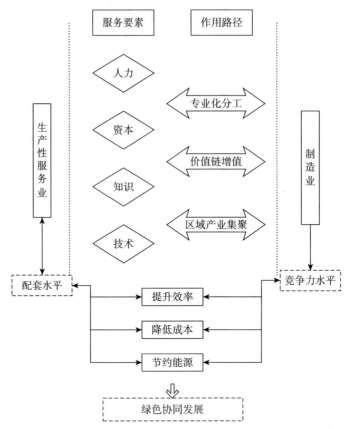

图 6-1　生产性服务业与制造业绿色协同关系剖析

　　本书借鉴 Markusen 的研究将生产性服务作为中间产品引入模型，以研究服务业促进经济增长的内在机理[①]，借鉴 Marrewijk 等研究生产性服务业、规模经济与要素市场之间一般均衡关系时的建模思路[②]，根据生产函数模型来构建生产性服务业与制造业之间的绿色协同关系理论模型。

　　根据生产性服务业的发展历程及其在经济中的作用，本书假定

---

① Markusen, J. R., "Trade in Producer Services and in Other Specialized Intermediate Inputs", *The American Economic Review*, 1989, (3).

② Marrewijk, C. V., Stibora, J., Vaal, A. D., Viaene, J. M., "Producer Services, Comparative Advantage, and International Trade Patterns", *Journal of International Economics*, 1997, 42.

生产性服务为中间产品，是除劳动力、资本之外的制造业的另一种投入要素。

假设 1：制造业是由多个产业部门组成的，且不同产业部门在生产要素投入上存在很大的差异；将制造业看作一个产业系统，其最终产品的生产需要三种要素——劳动力、资本和生产性服务业的产品。

根据 D-S 生产函数的基本形式，设劳动力投入为 L，资本投入为 K，服务要素的投入为 S，则可以得到变形的新的生产函数形式：

$$Y = AK^{\alpha}L^{\beta}S^{\gamma} \tag{6-1}$$

假设 2：技术要素会改变产业的要素投入结构，从而改变生产函数中的要素投入系数，考虑到生产性服务业的知识、信息密集特征，为保证模型的有效性，假设技术是生产性服务业服务要素的构成部分，但不会影响生产函数的基本形式，即技术要素是内生的。

假设 3：由于技术要素是内生的，不会产生规模经济效应，制造业的规模报酬不变。

假设 4：整个经济系统中只有制造业和生产性服务业两个部门，除投入制造业的劳动力和资本要素外，其他的劳动力和资本均投入了生产性服务业部门。

假设 5：生产性服务业各产业部门均没有除劳动力和部门专门性资产外的其他要素的投入，且生产性服务业的所有产品均作为中间产品投入制造业部门中，则生产性服务业的服务产品 S_j 的边际成本等于单位劳动力投入。

令 F 为生产 S_j 所需的固定成本，将其折算为 F 单位劳动力，w 为单位劳动力的工资，则 S_j 的成本函数可以设为：

$$C(S_j) = wS_j + wF \tag{6-2}$$

由式（6-2）可以发现，在一个对称均衡中，所有投入制造业中的生产性服务业的产品的价格都完全相同，则可以将投入的生产性服务业产品的总量表示为 $S=n$，n 表示生产性服务业产品数量，则制造业的全要素生产率（单位投入可生产出的 S 数量）为：

$$\frac{G}{X} = n^{\frac{1-\theta}{\theta}} \tag{6-3}$$

根据生产函数弹性系数的研究理论[①]，$0<\theta<1$，则意味着随着 n 的增加，既定资源的生产率也会提高。从制造业与生产性服务业的关系来看，随着生产性服务业产品的投入的增加，制造业的全要素生产率会得到提升，也就是说，在原有的外生资源优势的基础上，生产性服务业的壮大会为制造业提供发展动力，这种动力是一种内生的比较优势，这种比较优势因社会分工的细化而产生。最终产品的生产随着产品数量和投入的生产性服务业的产品总量的增加而包含更多更为先进的环节，使得整个生产过程采用了更为迂回的生产方式，内生的影响因素的作用日益明显和增强。

6.2 生产性服务业与制造业绿色协同发展模式

现有研究协同发展的理论与方法有很多，从生产性服务业与制造业的关系来看，有的学者突出"互动"特征[②]，有的学者则突出产业之间的"关联"模式[③]，这些学者的研究成果更侧重产业关联关系、投入产出要素上的经济相关性。从产业定位上来说，生产性服务业与制造业的协同发展既涉及微观层面的服务要素的投入，也包括产业价值链层面的关联，以及宏观层面的产业布局与集聚等问

[①] 杨汝岱：《中国制造业企业全要素生产率研究》，《经济研究》2015 年第 2 期。

[②] 曲绍卫、夏远、姚毅：《生产性服务业集聚与制造业转型的关联性研究——基于产业互动视域的分析》，《预测》2019 年第 5 期。

[③] 孔令夷、邢宁宁：《生产性服务业与制造业互动影响的比较研究》，《软科学》2019 年第 6 期。

题，单纯从产业部门投入产出关联性上来探讨生产性服务业与制造业绿色协同发展无法从深层次上体现二者协同的内生机理。基于协同演化理论，本书将复杂系统理论的思想引入机理研究中，将 Logistic 模型与种群共生理论相结合，探讨生产性服务业与制造业的绿色协同演化机制，并利用投入产出关系进一步进行绿色协同发展模式的实证分析。

从系统论的观点来看，系统之间的关系有不相关、互补、竞争三种关系。不相关关系是指两个系统之间没有任何的物质、能量与信息的交换，不存在相互关联；互补关系是指两个系统的发展可以相互促进；竞争关系则表明一个系统的发展会挤占另一个系统的资源，即两个系统之间存在利益冲突。但从市场运行规则的角度来看，竞争关系有利于激发系统的活力，提高效率，降低成本。在上述三种系统关系中，互补与竞争关系均可以通过共生理论来解释。

6.2.1　共生理论基本原理

共生理论原属于生物学的理论范畴，后扩展到了社会经济领域。按照一般性解释，共生实际就是一种特定关系的描述。[①] 共生关系是共生单元、共生环境和共生模式相互作用的结果。共生关系的构成主体是共生单元，共生单元可以是具有行为特征的主体，也可以是经济学意义上的系统。共生单元是用参量来表述的，其中，反映共生单元内在性质的指标，被称为共生单元的质参量，反映其外在属性特征的指标则被称为象参量。质参量和象参量均包含多个指标和参量，其中，在特定的时空条件下质参量中的某一个参量会对共生单元的状态起到主导性作用，并影响共生关系的形成。随着共生单元系统的变化，质参量和象参量并不是固定的，且二者不断相互作

---

① 胡晓鹏：《产业共生：理论界定及其内在机理》，《中国工业经济》2008 年第 9 期。

用，随着时空的变化和共生关系的演进，质参量和象参量可能会产生交互和转化。在本书的研究中，我们界定生产性服务业与制造业是国民经济系统中的共生单元，决定其演化及共生关系的质参量是产业系统中的各种核心投入要素。

共生单元在特定环境下形成的关系即为共生关系。共生理论对共生关系的特征进行了界定，即共生模式，具体的共生模式类型如表 6-1 所示。

表 6-1　共生模式类型

共生模式	偶然共生模式 M_1	间歇共生模式 M_2	连续共生模式 M_3	一体化共生模式 M_4	
寄生 P_1	S_{11} (P_1, M_1)	S_{12} (P_1, M_2)	S_{13} (P_1, M_3)	S_{14} (P_1, M_4)	共生能量分配的对称性提高
偏利共生 P_2	S_{21} (P_2, M_1)	S_{22} (P_2, M_2)	S_{23} (P_2, M_3)	S_{24} (P_2, M_4)	
非对称性互惠共生 P_3	S_{31} (P_3, M_1)	S_{32} (P_3, M_2)	S_{33} (P_3, M_3)	S_{34} (P_3, M_4)	
对称性互惠共生 P_4	S_{41} (P_4, M_1)	S_{42} (P_4, M_2)	S_{43} (P_4, M_3)	S_{44} (P_4, M_4)	

共生单元之间的联系程度提高

S 代表共生关系，$S = (S_1, S_2, \cdots, S_n)$，$U$ 代表共生单元，$U = (U_1, U_2, \cdots, U_m)$，$M$ 代表共生模式，$M = (M_1, M_2, \cdots, M_k)$，$E$ 代表共生环境，$E = (E_1, E_2, \cdots, E_l)$，$n$、$m$、$k$、$l$ 可相等也可不相等，则 $S = (U, M, E)$。从表 6-1 中可以看出，共生关系是共生单元、共生模式和共生环境的组合。其中，共生模式是关键，不仅反映和决定共生单元之间的生产和交换关系，而且反映和决定共生单元对共生环境可能产生的影响，同时它也反映共生关系对共生单元和共生环境的作用，共生单元是基础，共生环境是重要外部条件。

从能量分配的对称性上来看，共生单元之间的共生模式包括寄生、偏利共生、非对称性互惠共生和对称性互惠共生，一般将后两种统称为互惠共生模式。在寄生模式中，共生关系中不存在新的利益，而只表现为既有利益在不同共生单元之间的分配。获得利益的一方被称为寄生者，接受来自寄主的利益输送，而输出利益的一方被称为寄主。因此，共生单元之间的利益关系是单向的，也就是说仅有一方能够在寄生模式下获利，且一方利益的增加会造成另一方利益的减少。这时的共生关系仅有利于一方的进化，而不利于另一方的进化。

除寄生模式外，其他三种共生模式都能够为共生关系双方带来新的利益，增加双方的共同利益。其中，偏利共生模式指的是共生关系所带来的新的利益只会全部由其中的某一共生单元所获得，另一方无法从中获利。但与寄生模式不同的是，偏利共生模式下，获利的一方所获得的利益来自共生关系下产生的新的收益，而不会破坏原有的利益分配，即这种共生关系对一方有利而对另一方既无利也无害。

互惠共生模式同样能够通过共生关系带来新的利益，且这种新的利益会在共生单元之间进行分配，也就是在共生关系中存在双向的利益交流机制，新的利益来源于共生单元之间的分工与协作。互惠共生模式是一种"既利己又利他"的共生模式。其中，非对称性互惠共生模式是指共生关系的双方在利益分配上是不对称的，因此，不同共生单元的收益积累不同，从而使得共生单元随着共生关系演化的速度和规模也会存在差异，形成共生单元的非同步进化。顾名思义，对称性互惠共生是指共生单元对于新产生的利益的分配是对称的，因此不同的共生单元能够从共生关系中获得同等的收益积累和进化机会，是相对来说较有效率且较为公平的共生状态，是共生关系中的一种理想的均衡状态。但从现实来看，由于共生关系双方初始的实力、规模等存在差异，这种对称性互惠共生模式并不多见，非对称性互惠共生模式反而是比较常见的模式。

根据共生单元之间的联系程度从低到高可以将共生模式依次分为偶然共生模式、间歇共生模式、连续共生模式和一体化共生模式四种。假设存在不连续的时空组合（T，D），其中，时间 $T = T_1$，T_2，$\cdots$，T_i，空间 $D = D_1$，D_2，$\cdots$，D_j，根据共生理论，如果两个共生单元之间存在关联关系，这种在不连续时空组合下形成的共生关系属于间歇共生模式，共生进化的过程是非连续的；若两个共生单元之间存在关联关系，但是其关联关系仅仅发生在特定的时间和空间点上，即当且仅当 $T = T_k$、$D = D_l$ 时，则认为此时的共生关系属于偶然共生模式。偶然共生模式可以看作间歇共生模式中两次共生之间的间歇时间无穷大时的状况，是间歇共生模式的一个特例。由于偶然共生模式强调在特定的时空条件下发生，因此，它具有随机性、短期性、一次性以及非专一性的特点，是一种极不稳定的共生模式，对共生单元的影响也就极为有限。

连续共生模式与前两种模式有本质上的差异，其共生关系存在的时空范围是连续的，即时间 $T \in [T_1, T_i]$，$T_i \neq T_1$，空间 $D \in [D_1, D_j]$，$D_1 \neq D_j$。这种共生模式具有内在必然性、长期性、连续性和专一性，是一种比较稳定和连贯的共生模式。一体化共生模式则是两个共生单元高度关联的结果，两个共生单元已经组合成为一个具有独立性质与结构的共生体，共生单元之间的关联作用已经成为共生体的内生作用，两个共生单元与共生环境之间通过共生体进行相互作用和能量交换，对于外部的共生环境来说，共生体中的两个共生单元已不具备独立的性质和功能，一体化共生模式具有高度的稳定性。

6.2.2　生产性服务业与制造业的共生关系

本书假定生产性服务业与制造业两个产业系统为共生关系中的共生单元。从系统论的观点来看，产业系统及其内部的子系统均具有耗散结构特征，且从产业关联关系上来看，生产性服务业是为制造业服务的产业部门。为对生产性服务业与制造业之间的共生关系进行更好的分析，本书假定二者形成了一个共生系统，且二者是这个系统中的两个子系统，从系统整体的角度来探索二者的共生关系。

6.2.3　生产性服务业与制造业的熵变关系

根据热力学第一定律和第二定律，系统有自发趋于平衡的倾向，这是针对封闭系统而言的。在具有耗散结构特征的生产性服务业与制造业系统中，系统具有开放性，会受到各种外力的作用，这些外力作用会引发产业内部各变量的流动与变化，形成产业系统的"流"和"力"。当产业系统的状态维持在平衡态附近时，各变量的变化会趋于稳定，系统的演变表现为线性关系；而在远离平衡态时，产业系统中变量的变化会趋于复杂，系统的演变表现为非线性关系。

根据热力学的定义，在系统中，往往用"熵"来衡量能量的变化状况，熵是系统内分子热运动的无序性的一种度量。[1] 玻尔兹曼所建立的熵公式为：

$$S = K\ln\Omega \tag{6-4}$$

其中，S 代表系统熵，K 代表玻尔兹曼常数，Ω 代表宏观态所包含的微观态数据，或称为热力学概率，对于一个宏观态就有一个 Ω 与之对应，因此也就有一个熵值与之对应，熵值越大，系统越趋向无序，熵值越小，系统越趋向有序。因此，熵是一个态函数，熵值

---

[1]　申法瑞：《熵与热力学第二定律》，《武汉钢铁学院学报》1987 年第 2 期。

的大小可以衡量系统内部的混乱程度。

假设 S_m 代表制造业子系统的熵，S_p 代表生产性服务业子系统的熵，则两个子系统的熵可以表示为：

$$dS_m = d_iS_m + d_eS_m \qquad (6-5)$$

$$dS_p = d_iS_p + d_eS_p \qquad (6-6)$$

其中，d_iS_m、d_iS_p 分别代表制造业子系统和生产性服务业子系统的内部熵流，根据热力学第二定律，绝热状态下，趋向平衡的过程必然是系统的熵不断增大的过程，即 $d_iS_m \geqslant 0$、$d_iS_p \geqslant 0$。d_eS_m、d_eS_p 则代表制造业子系统、生产性服务业子系统与外部环境进行的信息、物质、能量方面的交换所产生的熵流，被称为外部熵，d_eS_m、d_eS_p 既可为正也可为负。

根据耗散结构理论，系统的内部熵流反映系统的稳定性，由于 d_iS_m 和 d_iS_p 是不断增加的，所以在不考虑外部熵的情况下制造业子系统和生产性服务业子系统均是向着无序方向发展的。当系统在开放环境下时，系统的无序化和有序化变化则取决于内部熵流和外部熵的大小关系，以及外部熵的正负特征。

由于 $d_iS_m \geqslant 0$、$d_iS_p \geqslant 0$，如果 $d_eS_m \geqslant 0$、$d_eS_p \geqslant 0$，则制造业和生产性服务业子系统的总熵为正，各子系统会越来越无序。如果 $d_eS_m < 0$、$d_eS_p < 0$，且 $|d_eS_m| < d_iS_m$、$|d_eS_p| < d_iS_p$，则制造业和生产性服务业子系统也要向无序方向发展；如果 $d_eS_m < 0$、$d_eS_p < 0$，且 $|d_eS_m| > d_iS_m$、$|d_eS_p| > d_iS_p$，即外部交换的熵流为负熵，且可抵消内部熵流的增加，则系统的总熵为负，即 $dS_m < 0$、$dS_p < 0$，系统向有序化方向发展。

从产业系统演化的角度来进一步分析，由于熵流的变化，生产性服务业子系统与制造业子系统均具有非平衡性特征。由于产业子系统在投入、产出、效率等方面均存在差异性，且各种因素均在不断变化，生产性服务业子系统与制造业子系统的状态也会随时间发生变化。

对于具有耗散结构特征的开放系统来说，熵具有可加性，因此，对于生产性服务业和制造业系统来说，其熵可以看作生产性服务业子系统的熵和制造业子系统的熵之和，具体可以用式（6-7）表达：

$$S = S_m + S_p \tag{6-7}$$

同样，对于生产性服务业与制造业协同系统来说，由于熵的可加性，可以表示为：

$$\begin{aligned}
dS &= d_iS + d_eS \\
&= dS_m + dS_p \\
&= d_iS_m + d_eS_m + d_iS_p + d_eS_p
\end{aligned} \tag{6-8}$$

6.2.4　生产性服务业与制造业系统演化模型

从现有研究来看，各国的学者大多认可产业系统和产业组织发展的"生命周期理论"。美国生物和人口统计学家雷蒙·比尔提出的Logistic 方程，用 S 形曲线来展示系统的变化周期特征[1]，可以用来展现产业系统的动态演化特征。

假设生产性服务业子系统与制造业子系统均受到多个因素的影响，如不考虑其彼此之间的协同作用的影响，根据自组织理论，可以假定其状态演化方程为随时间变化的函数：

$$\frac{\mathrm{d}X_j}{\mathrm{d}t} = f(X_j) \tag{6-9}$$

其中，$j=m$ 或者 $j=p$，分别代表制造业子系统和生产性服务业子

---

[1]　Harris, T. M., Devkota, J. P., Khanna, V., Eranki, P. L., Landis, A. E., "Logistic Growth Curve Modeling of US Energy Production and Consumption", *Renewable and Sustainable Energy Reviews*, 2018, 96.

系统；X_j 代表子系统的状态变量。

对式（6-9）进行泰勒级数展开，可得：

$$\frac{\mathrm{d}X_j}{\mathrm{d}t} = a_0 X_j + a_1 X_j^2 + \cdots \qquad (6-10)$$

如果剔除掉二次项以上的高次幂，则可得到：

$$\frac{\mathrm{d}X_j}{\mathrm{d}t} = a_0 X_j \qquad (6-11)$$

其中，$X_j = e^{a_0 t}$，意味着产业系统会无限制扩张，但从实际情况来看，受技术条件、资源禀赋等因素的制约，在一定时期内，产业的扩张存在"天花板"。因此，式（6-11）不符合产业系统的发展实际，则：

$$\frac{\mathrm{d}X_j}{\mathrm{d}t} = a_0 X_j^2 + a_1 X_j \qquad (6-12)$$

引入产业增长的极限值 N，即产业系统资源投入的最大值，根据前文对制造业和生产性服务业关系的生产函数分析，对式（6-12）进行变换可以得到生产性服务业与制造业产业系统演化的 Logistic 模型：

$$\frac{\mathrm{d}X_m}{\mathrm{d}t} = a X_m (N_m - X_m)$$

$$\frac{\mathrm{d}X_p}{\mathrm{d}t} = b X_p (N_p - X_p) \qquad (6-13)$$

其中，X_m、X_p 分别表示制造业和生产性服务业的产业状态，a、b 分别代表制造业和生产性服务业的产业成长弹性系数，N_m、N_p 代表制造业、生产性服务业各自的产业增长极限。N_m、N_p 的大小取决于该产业系统自身的需求收入弹性、投入要素价格等因素。

因此，可以说明生产性服务业与制造业的演化呈现出非线性的特征。在技术条件和资源禀赋条件不变的情况下，产业发展存在增长的极限，符合耗散系统的特征。

对上文中的 Logistic 模型进行调整，将生产性服务业和制造业彼此之间的影响从各产业子系统的外部影响要素中独立出来，构建生产性服务业与制造业的协同状态演化方程：

$$\frac{\mathrm{d}X_m}{\mathrm{d}t} = a_1 X_m^2 + a_2 X_m + \gamma_1 X_p$$

$$\frac{\mathrm{d}X_p}{\mathrm{d}t} = b_1 X_p^2 + b_2 X_p + \gamma_2 X_m \tag{6-14}$$

其中，a_1 和 a_2、b_1 和 b_2 代表着制造业和生产性服务业系统自身状态变量引发的影响，而 γ_1、γ_2 分别代表生产性服务业的状态变量对制造业系统、制造业的状态变量对生产性服务业系统的影响系数。当这种影响表现为促进作用时，γ_1、γ_2 为正值，说明可以形成协同效应或互补效应；当这种影响表现为阻碍作用时，γ_1、γ_2 为负值，说明存在竞争效应。

这里同样引入产业系统增长的极限值 N，则可以将式（6-14）转变为：

$$\frac{\mathrm{d}X_m}{\mathrm{d}t} = a_1 X_m (N_m + \gamma_1 X_p - X_m)$$

$$\frac{\mathrm{d}X_p}{\mathrm{d}t} = b_1 X_p (N_p + \gamma_2 X_m - X_p) \tag{6-15}$$

6.3 生产性服务业与制造业共生演化关系

上文分析了生产性服务业与制造业的增长模型，本节将其放入共生理论的框架下进一步探讨生产性服务业与制造业的共生演化关系。

6.3.1 生产性服务业与制造业的共生模式

按照共生模式的分类方法，生产性服务业与制造业的绿色协同关系可以从行为利益的共生与组织的共生两个方面进行分析。

（1）行为利益角度

本书假设，国民经济系统中，仅包括生产性服务业与制造业两个产业系统，从行为利益的角度来看，衡量产业发展的根本尺度是二者所获得的利益的分配。

生产性服务业和制造业是具有系统性特征的市场主体，从市场利益的分配角度来看，单纯的寄生模式意味着一方的利益在市场利益分配中会受损，从共生关系存在上来说，纯粹的利益付出的交易是不可行的，除非在信息不对称或道德风险的情况下偶然发生，但往往属于违反交易原则的诈骗行为，会伴随着法律诉讼或者利益的补偿。[①] 也就是说，从共生模式的稳定性来看，寄生模式是不可能存在的，也就是不可能存在连续共生关系。进一步来看，即使是偏利共生模式，虽然存在新的利益，但是某一方共生单元并不能获得这些新的利益，从市场主体追求自身利益最大化的角度来看，这种"利人不利己也不损己"的交易也是不合算的，因此，也不可能表现为连续共生。

如果不单纯考虑"共生"的概念，从生产性服务业与制造业两个产业系统在现实中的利益分配来看，特定产业细分部门之间可能存在竞争关系，这种竞争关系可以看作一种偶然或者间歇性的寄生或者偏利共生。根据前文的分析，生产性服务业与制造业在社会专业化分工、价值链、区域经济发展上存在协同发展的特征，长期来看，表现为一种互惠共生的模式。但是，生产性服务业与制造业在

---

① 黄定轩、吴永娇、佘升翔：《服务生态系统价值共创单元共生演化分析》，《生态经济》2017年第7期。

产业价值链关系上具有前后关联性，在产业规模、产业地位上存在很大的差异。因此，二者之间的共生模式应当以非对称性互惠共生为主，具体的利益分配方式与比例将在下文中进一步阐述。

（2）组织角度

假设生产性服务业（S）与制造业（P）各有且仅有一个决定共生单元内在性质及其变化的主质参量 Z_p 和 Z_m，二者的共生关系的程度可以用共生度指标来测量①，设共生度为 R，则有：

$$R = \frac{\mathrm{d}Z_p/Z_p}{\mathrm{d}Z_m/Z_m} = \frac{Z_m}{Z_p} \times \frac{\mathrm{d}Z_p}{\mathrm{d}Z_m} \tag{6-16}$$

其中，$dZ_p \neq 0$，$dZ_m \neq 0$。

由式（6-16）可以看出，生产性服务业与制造业的共生度可以表示为生产性服务业的主质参量 Z_p 的变化率与其所引起或对应的制造业的主质参量 Z_m 的变化率之比，即表示生产性服务业与制造业两个共生单元之间主质参量变化的关联度。共生度 R 可以为正也可以为负，取决于生产性服务业与制造业的主质参量的变化情况。如果 R 为负，说明生产性服务业与制造业之间的产业关联关系是负向的，其共生关系不是互惠共生，而是竞争；如果 R 为正，则说明二者之间是正向的产业关联关系，是合作共赢的关系。

从生产性服务业与制造业的协同关系特点来看，生产性服务业的产业特征就是为制造业提供中间产品，是制造业的投入要素之一，制造业也在为生产性服务业创造需求，为其服务产品生产提供支撑。因此，其共生关系并不是偶发的，而是一种间歇或者持续共生。与此同时，生产性服务业和制造业又是独立的产业系统，在产业价值链条中处于相对独立的环节上，尚未形成一体化共生模式，可以将一体化共

---

① 张梅青、周叶、周长龙：《基于共生理论的物流产业与区域经济协调发展研究》，《北京交通大学学报》（社会科学版）2012 年第 1 期。

生模式看作生产性服务业与制造业的共生关系发展的最高级形式。

综上所述，本书认为，从产业演化的视角来看，生产性服务业与制造业在行为利益分配上表现为互惠共生模式；而在组织发展上，则表现为间歇共生或者连续共生模式。但在特定共生环境下，存在共生度为负，即产业之间为竞争关系的可能性，如特定资源的获取等，但这是一种偶然的短期现象。因此，可以对生产性服务业与制造业的共生模式进行总结，结果如表6-2所示。

表6-2　生产性服务业与制造业长期共生模式

行为利益角度	间歇共生 M_1	连续共生 M_2
非对称性互惠共生 P_1	S_{11}（P_1，M_1）	S_{12}（P_1，M_2）
对称性互惠共生 P_2	S_{21}（P_2，M_1）	S_{22}（P_2，M_2）

6.3.2　生产性服务业与制造业的绿色共生演化模型

本书将生产性服务业与制造业的共生关系中共生单元所经历的内生和外生的变化简化为产业产值的变化，以此来构建生产性服务业与制造业之间的共生模型。

假设 H_1：生产性服务业与制造业的产值随时间的变化而变化，即是时间 t 的函数。

假设 H_2：生产性服务业与制造业（潜在或候选的共生单元）之间具有某种时间和空间上的联系，从而形成特定的共生关系。

上文所列的生产性服务业与制造业产业增长模型：

$$\frac{\mathrm{d}X_m}{\mathrm{d}t} = a_1 X_m (N_m + \gamma_1 X_p - X_m)$$

$$\frac{\mathrm{d}X_p}{\mathrm{d}t} = b_1 X_p (N_p + \gamma_2 X_m - X_p) \qquad (6\text{-}17)$$

根据前文对共生模式的分析，结合共生度的概念，可以看到式

（6-17）中的 γ_1、γ_2 代表了生产性服务业与制造业的关联程度。

如果 $\gamma_1 > 0$、$\gamma_2 > 0$，则说明两个产业系统之间是正向的关联关系，表现为互惠共生关系；如果 $\gamma_1 < 0$、$\gamma_2 < 0$，则说明两个产业系统之间是负向的关联关系，表现为竞争关系。

在共生关系存在的条件下，制造业与生产性服务业之间的关系符合 Lotka-Volterra 模型。Lotka-Volterra 模型是对 Logistic 模型的一种形式上的变换，由美国学者 Lotka（1925 年）和意大利学者 Volterra（1926 年）分别独立提出[①]，根据 Lotka-Volterra 模型原理，可以对式（6-17）进行进一步的变换，从而得到：

$$\frac{dX_m}{dt} = a_1 X_m \left(1 - \frac{X_m}{N_m} + \gamma_1' X_p \right)$$

$$\frac{dX_p}{dt} = b_1 X_p \left(1 - \frac{X_p}{N_p} + \gamma_2' X_m \right) \qquad (6-18)$$

其中，γ_1' 表示生产性服务业对制造业的影响系数，γ_2' 表示制造业对生产性服务业的影响系数。

当 $\gamma_1' = 0$、$\gamma_2' = 0$ 时，制造业与生产性服务业的产值增长率互不相干，不存在共生关系，也不会产生共生效应。从产业发展的角度来看，产业之间的影响系数不可能为零，因此，这种情况不具有现实意义。

当 γ_1'、γ_2' 中仅有一个为零，另一个不为零时，制造业与生产性服务业在相互作用的过程中，表现为一方受益另一方无利但也无害的偏利共生关系。这种偏利共生关系意味着制造业与生产性服务业之间存在一种单向的利益分配关系，一方可以从共生关系中获益，而另一方却不会受到任何影响。从现实情况来看，这种情况只可能出现在某一特定的时间和空间共生环境下的特定市场交易中，是一

---

① 　郭莉、苏敬勤：《基于 Logistic 增长模型的工业共生稳定分析》，《预测》2005 年第 1 期。

种偶发性的状态，本书在此不做深入讨论。

当 $\gamma_1' \neq 0$、$\gamma_2' \neq 0$ 时，制造业与生产性服务业之间存在一种交互作用，本书将着重对这种作用进行分析。

为求得生产性服务业与制造业共生演化的特征解，令 $\dfrac{\mathrm{d}X_m}{\mathrm{d}t} = 0$，$\dfrac{\mathrm{d}X_p}{\mathrm{d}t} = 0$，得到特征矩阵 A：

$$A = \begin{bmatrix} \dfrac{\partial \dfrac{\mathrm{d}X_m}{\mathrm{d}t}}{\partial X_m} & \dfrac{\partial \dfrac{\mathrm{d}X_m}{\mathrm{d}t}}{\partial X_p} \\ \dfrac{\partial \dfrac{\mathrm{d}X_p}{\mathrm{d}t}}{\partial X_m} & \dfrac{\partial \dfrac{\mathrm{d}X_p}{\mathrm{d}t}}{\partial X_p} \end{bmatrix} = \begin{bmatrix} a_1(N_m + \gamma_1'X_p - 2X_m) & 0 \\ 0 & b_1(N_p + \gamma_2'X_m - 2X_p) \end{bmatrix}$$

$$(6-19)$$

对上述特征矩阵进行进一步变换求解，令 $\left| \lambda E - A(A_1) \right| = 0$，其中，设特征解为 $A_1 = (N_m + \gamma_1'X_p,\ N_p + \gamma_2'X_m)$，可以得到特征方程的根为：

$$\lambda_1 = -a_1(N_m + \gamma_1'X_p)$$
$$\lambda_2 = -b_1(N_p + \gamma_2'X_m) \qquad (6-20)$$

根据共生关系和系统协同关系，$A_1 = (N_m + \gamma_1'X_p,\ N_p + \gamma_2'X_m)$ 是定态解的条件是 λ_1、λ_2 均大于零或均小于零。

根据竞争与互补的关系来分析，由于生产性服务业和制造业的产值、增长的极限值均大于零，且如果不考虑外部熵的作用，产业系统自身发展的系数 a_1 和 b_1 也是大于零的，因此，如果 $\gamma_1' > 0$、$\gamma_2' > 0$，则 $\lambda_1 < 0$、$\lambda_2 < 0$，$A_1 = (N_m + \gamma_1'X_p,\ N_p + \gamma_2'X_m)$ 不是鞍点，是生产性服务业与制造业共生演化的定态解，二者的共生关系可以实现稳定状态。如果 $\gamma_1' > 0$、$\gamma_2' > 0$，则说明生产性服务业与制造业之间的关联关系是正向的，生产性服务业与制造业之间是互惠共生模式。反过来看，当生产性服务业与制造业之间是互惠共生模式时，二者之间的共生关系是稳定的，双方均可以从共生关系中获得收益，共生关系会保持下去。

如果 $\gamma_1' < 0$、$\gamma_2' < 0$，则生产性服务业与制造业处于相互竞争的形势下，此时，$A_1 = (N_m + \gamma_1' X_p, \ N_p + \gamma_2' X_m)$ 是不是定态解需要对生产性服务业与制造业彼此之间产业规模和增长极限值的关系进行进一步的讨论。

当 $0 > \gamma_1' > -\dfrac{N_m}{X_p}$ 且 $0 > \gamma_2' > -\dfrac{N_p}{X_m}$ 时，$(N_m + \gamma_1' X_p) > 0$、$(N_p + \gamma_2' X_m) > 0$，则 $\lambda_1 < 0$、$\lambda_2 < 0$，此时，$A_1 = (N_m + \gamma_1' X_p, \ N_p + \gamma_2' X_m)$ 不是鞍点，是生产性服务业与制造业共生演化的定态解，二者的共生关系可以实现稳定状态。这表明，虽然两个产业系统是竞争关系，但双方均可以从这种竞争关系中获益，是一种良性竞争。

当 $\gamma_1' < -\dfrac{N_m}{X_p}$ 且 $\gamma_2' < -\dfrac{N_p}{X_m}$ 时，$(N_m + \gamma_1' X_p) < 0$、$(N_p + \gamma_2' X_m) < 0$，则 $\lambda_1 > 0$、$\lambda_2 > 0$，此时，$A_1 = (N_m + \gamma_1' X_p, \ N_p + \gamma_2' X_m)$ 不是鞍点，是生产性服务业与制造业共生演化的定态解，二者的共生关系可以实现稳定状态。这种状态表明，生产性服务业与制造业虽然是竞争关系，但是这种竞争对彼此的制约作用比较弱，虽然在一定程度上影响到了生产性服务业和制造业自身的发展速度，但就总体而言，仍能实现共同发展。

当 $0 > \gamma_1' > -\dfrac{N_m}{X_p}$、$\gamma_2' < -\dfrac{N_p}{X_m}$ 时，有 $(N_m + \gamma_1' X_p) > 0$、$(N_p + \gamma_2' X_m) < 0$，则 $\lambda_1 < 0$、$\lambda_2 > 0$，此时，$A_1 = (N_m + \gamma_1' X_p, \ N_p + \gamma_2' X_m)$ 是系统演化的鞍点，是生产性服务业与制造业共生关系的不稳定解，在这个点上，生产性服务业与制造业的共生关系无法维持。

当 $\gamma_1' < -\dfrac{N_m}{X_p}$、$0 > \gamma_2' > -\dfrac{N_p}{X_m}$ 时，则 $\lambda_1 > 0$、$\lambda_2 < 0$，同上一种情景一致，生产性服务业与制造业在此条件下也无法维持共生关系。

由此可知，生产性服务业与制造业在竞争时仍有可能实现共生稳定发展，但是其发展效果相对于互惠共生模式，会受到一定的影响。

本书进一步对生产性服务业与制造业在互惠共生模式下的组织变化特征进行分析。对前文中的共生演化模型进行求解，可以得到均衡点 E：

$$E(X_m, X_p) = \left[\frac{N_m(1 + \gamma_1' N_p)}{(1 - \gamma_1' \gamma_2' N_m N_p)}, \frac{N_p(1 + \gamma_2' N_m)}{(1 - \gamma_1' \gamma_2' N_m N_p)} \right] \tag{6-21}$$

当 $X_m > 0$、$X_p > 0$ 时，则 $\dfrac{N_m(1 + \gamma_1' N_p)}{(1 - \gamma_1' \gamma_2' N_m N_p)} > 0$、$\dfrac{N_p(1 + \gamma_2' N_m)}{(1 - \gamma_1' \gamma_2' N_m N_p)} > 0$，表示制造业和生产性服务业存在共生关系。

在互惠共生模式下，即 $\gamma_1' > 0$、$\gamma_2' > 0$，制造业与生产性服务业共生的条件为：

$$1 - \gamma_1' \gamma_2' N_m N_p > 0 \tag{6-22}$$

即：

$$\gamma_1' \gamma_2' < \frac{1}{N_m N_p} \tag{6-23}$$

此时，E 是系统的稳定解。

进一步分析生产性服务业与制造业的互惠共生关系对二者的作用力的大小，即二者的共生是对称性的还是非对称性的。

假定形成共生关系后，每一单位的共生能量对生产性服务业与制造业的产出水平的贡献分别为 δ_m 和 δ_p，则制造业和生产性服务业的相互作用系数分别为 $\gamma_1' = \dfrac{\delta_m}{N_m}$ 和 $\gamma_2' = \dfrac{\delta_p}{N_p}$，即两个产业系统的相互作用系数与共生关系对其的贡献水平和其自身的发展极限有关，则前面得到的生产性服务业与制造业共生关系的条件又可以表示为 $\delta_m \delta_p <$ 1、$\delta_m > 0$、$\delta_p > 0$，由此可以将上面的制造业与生产性服务业共生关系模型改为：

$$\frac{dX_m}{dt} = - a_1 X_m \left(1 - \frac{X_m}{N_m} + \frac{\delta_m}{N_p} X_p \right)$$

$$\frac{dX_p}{dt} = - b_1 X_p \left(1 - \frac{X_p}{N_p} + \frac{\delta_p}{N_m} X_m \right) \tag{6-24}$$

对这个方程重新求均衡解得到：

$$E^*(X_m, X_p) = \left(N_m \frac{1 + \delta_m}{1 - \delta_m \delta_p}, N_p \frac{1 + \delta_p}{1 - \delta_m \delta_p} \right) \tag{6-25}$$

当 $X_m > 0$、$X_p > 0$ 时，$N_m \dfrac{1 + \delta_m}{1 - \delta_m \delta_p} > 0$、$N_p \dfrac{1 + \delta_p}{1 - \delta_m \delta_p} > 0$，两个产业系统存在共生关系，同样可以得到共生条件为：$\delta_m \delta_p < 1$。

对这一微分方程组进行一阶泰勒展开得到：

$$\frac{dX_m}{dt} = a_1 X_m \frac{\delta_m(X_p - X_p^*)}{N_p} + a_1 \left(1 - \frac{2X_m}{N_m} + \frac{\delta_m X_p}{N_p} \right) (X_m - X_m^*)$$

$$\frac{dX_p}{dt} = b_1 X_p \frac{\delta_p(X_m - X_m^*)}{N_m} + b_1 \left(1 - \frac{2X_p}{N_p} + \frac{\delta_p X_m}{N_m} \right) (X_p - X_p^*) \tag{6-26}$$

将求得的均衡解 $E^*(X_m, X_p)$ 代入式（6-26），可以得到相对应的系统矩阵：

$$\varphi = \begin{bmatrix} \dfrac{a_1(-1-\delta_m)}{1 - \delta_m \delta_p} & \dfrac{a_1 X_m \delta_m(1 + \delta_m)}{N_p(1 - \delta_m \delta_p)} \\[3mm] \dfrac{b_1 X_p \delta_p(1 + \delta_p)}{N_m(1 - \delta_m \delta_p)} & \dfrac{b_1(-1-\delta_p)}{1 - \delta_m \delta_p} \end{bmatrix} \tag{6-27}$$

由微分方程的稳定性条件可知，稳定点为稳定结点的条件是

$\delta_m\delta_p<1$，由于前面均衡解存在的条件也是 $\delta_m\delta_p<1$，则在制造业与生产性服务业系统的共生模型中，两个共生单元能够达到稳定共生的条件为 $\delta_m\delta_p<1$，由于这种共生是互惠共生，根据其对称性，制造业与生产性服务业达到稳定共生的条件可以进一步表示为：

$$\delta_m < 1, \delta_p < 1 \qquad (6-28)$$

可以认为制造业与生产性服务业的共生关系具有互利作用，对双方都有益，这种互利作用对双方的产出的贡献相对来说都不是特别大，其大小主要取决于自身的产业规模和经济实力，规模较大的产业对规模较小的产业具有较强的影响。

6.4 生产性服务业与制造业共生关系实证分析

为进一步验证生产性服务业与制造业的共生关系，本书运用产业关联关系对生产性服务业与制造业的共生度进行分析与测度。

6.4.1 投入产出法简介

投入产出法是学术界测量产业关联关系的常用方法。投入产出法将"投入"与"产出"结合起来，"投入"是指在社会生产中各生产要素的使用与消耗，"产出"是指生产出的产品被谁使用了。该方法常用于研究社会生产中投入与产出的广泛、复杂的相互依存关系。

（1）投入产出法

投入产出法中表现行业间关联关系的两个重要系数分别是直接消耗系数与完全消耗系数。直接消耗系数用 a_{ij} 表示，其含义是：生产单位 j 产品需要消耗 i 产品的量。将投入产出表中行业的直接消耗系数按顺序排列而成的矩阵称为直接消耗系数矩阵：

$$A = \begin{bmatrix} a_{11} & a_{12} & \cdots & a_{1n} \\ a_{21} & a_{22} & \cdots & a_{2n} \\ \vdots & \vdots & & \vdots \\ a_{n1} & a_{n2} & \cdots & a_{nn} \end{bmatrix}$$

完全消耗系数用 b_{ij} 表示，其含义是：第 j 个行业的 1 单位最终使用的产出量所完全消耗 i 行业的产出量。将投入产出表中行业的完全消耗系数按照顺序排列而成的矩阵称为完全消耗系数矩阵：

$$B = \begin{bmatrix} b_{11} & b_{12} & \cdots & b_{1n} \\ b_{21} & b_{22} & \cdots & b_{2n} \\ \vdots & \vdots & & \vdots \\ b_{n1} & b_{n2} & \cdots & b_{nn} \end{bmatrix}$$

直接消耗系数是相对于 1 个单位的总产出量而言的，完全消耗系数是相对于 1 单位最终使用的产出量而言的，两者的关系为 $B = (I-A)^{-1}-I$。

直接分配系数是同行元素与该行所代表行业的总产出或总投入相除。其含义是：i 产品分配给 j 产品的中间消耗使用量在总产出中的比例。其组成直接分配系数矩阵 R。

$$R = \begin{bmatrix} r_{11} & r_{12} & \cdots & r_{1n} \\ r_{21} & r_{22} & \cdots & r_{2n} \\ \vdots & \vdots & & \vdots \\ r_{n1} & r_{n2} & \cdots & r_{nn} \end{bmatrix} \tag{6-29}$$

（2）影响力系数及感应度系数计算

本书通过投入产出表计算影响力系数和感应度系数，分析制造业与生产性服务业的直接或间接关系。影响力系数（Influence Coefficient）表示某一行业增加 1 单位最终使用时，对其他行业产生的生产需求辐射水平，即拉动作用，用 F_j 表示。

$$F_j = \frac{\sum\limits_{i=1}^{n} b_{ij}}{\frac{1}{n}\sum\limits_{i=1}^{n}\sum\limits_{j=1}^{n} b_{ij}}(i,j = 1,2,\cdots,n) \qquad (6-30)$$

其中，分子是里昂惕夫矩阵 $(I-A)^{-1}$ 中第 j 列的列项之和，分母是里昂惕夫矩阵 $(I-A)^{-1}$ 中所有元素的平均值。

当 $F_j > 1$ 时，j 行业的生产对其他行业的影响程度高于社会平均影响水平；当 $F_j = 1$ 时，j 行业的生产对其他行业的影响程度与社会平均影响水平持平；当 $F_j < 1$ 时，j 行业的生产对其他行业的影响程度低于社会平均影响水平。F_j 越大，j 行业对其他行业的拉动作用越大。

感应度系数（Reaction Coefficient）表示各行业均增加 1 单位最终使用时，某行业由此感应到的需求，也就是需要该行业为其他行业生产提供的产出量。该系数越大表明该行业对其他行业的推动作用越大，用 E_i 表示。

$$E_i = \frac{\sum\limits_{i=1}^{n} r_{ij}}{\frac{1}{n}\sum\limits_{i=1}^{n}\sum\limits_{j=1}^{n} r_{ij}}(i,j = 1,2,\cdots,n) \qquad (6-31)$$

其中，分子是完全供给系数矩阵第 i 行系数之和，分母是完全供给系数矩阵中所有元素的均值。

当 $E_i > 1$ 时，i 行业的需求感应程度高于社会平均感应度；当 $E_i = 1$ 时，i 行业的需求感应程度与社会平均感应度持平；当 $E_i < 1$ 时，i 行业的需求感应程度低于社会平均感应度。如果某行业的影响力系数与感应度系数都较大，说明该行业在国民经济发展中的地位非常重要。

6.4.2 生产性服务业与制造业的产业关联关系

（1）数据来源

根据上述方法，本书利用《中国统计年鉴》中的行业分类及投入产出基本流量表，计算 2012 年、2015 年与 2017 年中国制造业与生产性服务业的产业关联度，具体用影响力系数及感应度系数来表示。其中，制造业主要包括食品制造业，烟草制品业，纺织服装、鞋、帽制造业，木材加工及木、竹、藤、棕、草制品业，家具制造业，造纸及纸制品业，非金属矿物制品业，金属冶炼及压延加工业，交通运输设备制造业，等等。生产性服务业主要包括批发和零售业，交通运输、仓储和邮政业，信息传输、计算机服务和软件业，金融业，房地产业，科学研究、技术服务和地质勘查业，等等。

（2）计算结果分析

由表 6-3 可知，制造业影响力系数在各年均大于 1，影响力远大于社会平均水平，这与我国制造业发展态势有关。制造业是我国经济发展的重要支撑产业，其投入与产出在所有行业中居于首位。从图 6-2 的变化趋势看，制造业发展整体较平稳，2015 年有小幅上升波动。而生产性服务业在 2012 年对社会经济影响水平不及全国平均水平。但 2015～2017 年连续上升逐渐高于社会平均水平，对国民经济的影响逐渐增强，这与我国生产性服务业发展壮大息息相关。随着我国产业结构的不断调整，第三产业所占比例逐渐上升，生产性服务业与制造业不断融合，通过技术创新等促进制造业转型升级，推动第二产业向第三产业转变。

表 6-3　制造业与生产性服务业影响力系数

年份	制造业	生产性服务业
2012	1.770	0.973

续表

年份	制造业	生产性服务业
2015	1.903	1.045
2017	1.768	1.175
平均值	1.814	1.064

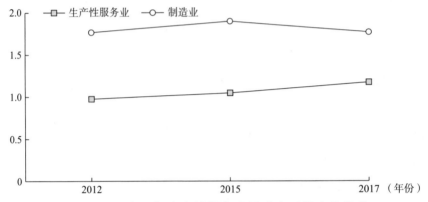

图6-2　制造业与生产性服务业影响力系数变化趋势

　　进一步对生产性服务业与制造业的感应度系数进行核算，结果如表6-4和图6-3所示。由表6-4可知，制造业感应度系数在2012年、2015年和2017年均大于1，远高于全国平均水平，说明制造业对生产性服务业的推动作用较强，但系数逐渐减小，也证明制造业对经济发展的推动作用逐渐减弱。反之，生产性服务业的感应度系数由2012年低于全国平均水平的0.851提升至2015年全国平均水平之上，达到1.116，由此表明生产性服务业产生的推动作用加强，这也更好地解释了近年来产业结构升级、第二产业向第三产业转变、制造业与生产性服务业深度融合的发展趋势。

表6-4　制造业与生产性服务业感应度系数

年份	制造业	生产性服务业
2012	2.645	0.851

续表

年份	制造业	生产性服务业
2015	2.317	1.116
2017	1.968	1.171
平均值	2.310	1.046

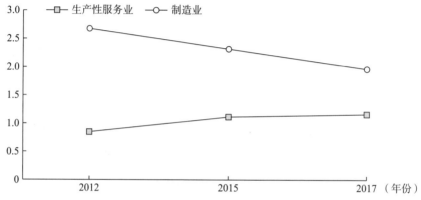

图6-3　制造业与生产性服务业感应度系数变化趋势

　　制造业与生产性服务业的影响力系数与感应度系数都比较大，说明二者在国民经济发展中地位较高，本书以社会平均水平1为界限，以影响力系数为纵坐标，感应度系数为横坐标，绘制四象限图（见图6-4）。图6-4中标注了2012年、2015年与2017年制造业与生产性服务业的分布情况。由图6-4可知，近年来制造业对经济的需求拉动及供给推动作用较生产性服务业强。制造业一直处于第一象限，具有强辐射力与弱制约力，是国民经济发展的支柱产业，其发展对其他行业有带动作用。生产性服务业对经济的影响力也在逐渐增强，在图6-4中表现为从第三象限向第一象限过渡。2012年，生产性服务业对经济发展的带动作用较小，其发展需要其他行业为其提供中间产品，工业性质较为突出。近几年，随着产业结构不断调整，生产性服务业不断向强推动、弱限制发展。

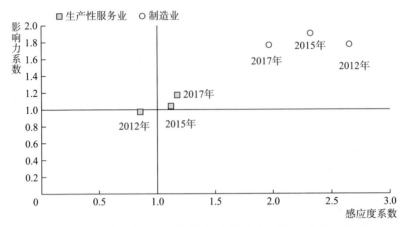

图 6-4　制造业与生产性服务业影响力系数-感应度系数

本书认为，制造业和生产性服务业影响力系数和感应度系数反映了二者的产业关联情况，生产性服务业和制造业存在正向的产业关联关系。结合上文的共生理论，在共生模型中，γ_1'表示生产性服务业对制造业的影响系数，γ_2'表示制造业对生产性服务业的影响系数，因此本书假定γ_1'为生产性服务业的影响力系数，而γ_2'为制造业的影响力系数。根据前文的讨论，由γ_1'、γ_2'均大于零，可以得到$A_1 = (N_m + \gamma_1' X_p,\ N_p + \gamma_2' X_m)$是生产性服务业与制造业协同演化的定态解，二者为互惠共生模式，即生产性服务业与制造业的协同发展对双方都有利。

进一步来看，从上述测算中可以发现，无论是影响力系数还是感应度系数，制造业的数值都要高于生产性服务业。基于共生理论，本书认为，虽然生产性服务业在国民经济中的比重已经超过制造业，但是从生产性服务业与制造业的发展历程、产业规模和产业关联关系来看，制造业既能对生产性服务业产生较强的推动作用，也能从生产性服务业中获得更多的利益，所以生产性服务业与制造业之间的共生关系是非对称性互惠共生关系，制造业在二者的共生关系中能够获得更多的利益。

6.5　本章小结

本章从产业分工的角度阐述了生产性服务业与制造业的协同关系，并基于绿色理念结合我国当前的产业结构特征进行了理论剖析和论述。在此基础上，运用共生理论对生产性服务业与制造业的协同共生机制进行了分析，并通过产业关联关系的测度与对比，从实证角度进一步验证了生产性服务业与制造业的协同共生关系。

从产业分工上来看，生产性服务业是经济中各个环节的纽带，其与制造业有着紧密的关系。针对共生理论和产业关联关系的分析进一步表明，生产性服务业与制造业之间的关系是一种非对称性互惠共生关系，其中，制造业能够从这种共生关系中获得更多的利益。

第7章 生产性服务业与制造业
绿色协同发展趋势

由上文的分析可知，生产性服务业与制造业在产业关联关系、产业分工和价值链演进等方面存在内生的相关性，二者之间是协同发展的关系。但是，这种协同发展的内生性在引入"绿色发展"的理念后会表现出一种什么样的趋势是本书需要研究的内容之一。因此，本章以绿色全要素生产率的变化为目标，从系统的视角，结合协同学理论，分析生产性服务业与制造业复杂系统的绿色协同发展规律和演化状态。

7.1 生产性服务业与制造业复杂系统及其自组织演化

7.1.1 生产性服务业与制造业复杂系统自组织演化

演化还被称为进化，此概念最早出现和应用于生态学的研究，用于描述生物代际出现差异的现象及与此现象相关的各种理论。广义的演化指"渐进的变化和事物长时间的发展过程"①，被各个学科、领域广泛借鉴和应用。在经济学领域形成了演化经济学，以适应行为、有序结构、渐变和突变等关键领域作为主要研究对象，涉

---

① Haken, H., *Synergetics: An Introduction Non-Equilibrium Phase Transitions and Self-Organization in Physics, Chemistry, and Biology*, Berlin: Spring-Verlag, 1977.

及组织、技术和制度三个不同层面，偏重于强调经济系统的变化过程。演化概念内涵丰富、涉及领域广泛，导致其在经济学中的概念仍存在一定分歧，两个主要的分支：一个强调事物由简单到复杂、由低级到高级的发展过程；另一个强调演变是长期过程中的逐渐变化，且此变化保持着向前发展的方向，即演变的渐进性以及前进性。

综合演化的发展历程及主要分支，可以将系统的演化概括为：系统从一种平衡与稳定状态向另一种平衡与稳定状态转化的过程，系统各主体的功能和结构、各主体间的相互联系以及系统与外部环境的相互作用都伴随系统转化过程发生根本性变化，最终导致系统出现新的宏观态势。[①]

自组织理论是系统理论的分支之一，主要由耗散结构理论（Dissipative Structure）、协同学理论（Synergetics）、突变论（Catastrophe Theory）和超循环理论（Super Circle）构成，其理论体系如图 7-1 所示。当一个系统具有自组织特性时，该系统能够按照一定规则自行协调并演化而不需要外部特殊指令的干预。哈肯将系统自组织定义为：如果一个系统没有受到外界的特定干涉就可以实现空间、时间或功能的结构的变化，则可以认为该系统具有自组织特性。[②]

对于生产性服务业与制造业构成的复杂系统，其演化方向是内生的，演化过程中的有序结构由复杂系统内部各部分各尽其责而又自动协调形成，所以生产性服务业与制造业构成的复杂系统的演化具有自组织特征。此时，该复杂系统能够自主地由无序向有序、由低级向高级演化，是一个有序的系统。

综合上述对演化及自组织的概述可知，系统的自组织演化是在一定条件下一个系统自主自发的从简单到复杂、从无序到有序、从

---

① 吴中光、马宋设：《用本征函数展开的绝热消去法研究哈肯模型》，《抚州师专学报》1990年第 2 期。

② 郭莉、苏敬勤、徐大伟：《基于哈肯模型的产业生态系统演化机制研究》，《中国软科学》2005 年第 11 期。

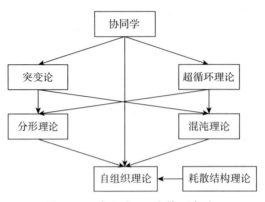

图 7-1 自组织理论体系框架

粗糙到细致的过程。[1] 具体而言，在一个开放、非平衡、非线性系统中，在与外界进行物质、能量、信息等交换的过程中，系统内部要素间相互作用，并在内外部激励的共同作用下发生小的起伏；随后这种起伏再经过子系统之间的竞争、协作及正反馈机制的作用放大为大的跌宕；然后系统在自组织特征的作用下，实现自我强化（Self-Enforcement），不断地降低自身的熵含量，最终实现从无序到有序、从低级有序到高级有序的转变。

分析生产性服务业和制造业的发展历程可以发现，生产性服务业和制造业的产业规模、结构、内部关联、动力机制等都随着经济和社会的发展持续不断地发生着变化，在此过程中，二者组成的复杂系统的内部结构、外化表现、互动特征也不断发生变化。由此可知，由生产性服务业和制造业构成的复杂系统的内部（系统内新的互动和作用）及外部（系统外显的结构、功能、性状、特征等）都在持续发展和变化，其是一个动态的演化系统。生产性服务业与制造业复杂系统具有独立性，其发展过程符合自组织理论中系统演化的相关特性，运用自组织理论对该复杂系统的演化进行分析是适宜

---

① 沈小峰、吴彤、曾国屏：《论系统的自组织演化》，《北京师范大学学报》1993 年第 3 期。

且可行的。

7.1.2　生产性服务业与制造业复杂系统演化的自组织过程与条件

（1）生产性服务业与制造业复杂系统演化的自组织过程

在自组织理论框架下，生产性服务业与制造业复杂系统中系统结构的每一次演化都是系统结构稳态从低层次向高层次构造的过程。在这个从失稳到建立新的有序结构的过程中，既有以量变为主的渐变即稳定，也有以质变为特征的突变即失稳。下面本书从稳定性和失稳两个角度分析生产性服务业与制造业复杂系统演化的自组织过程。

一是生产性服务业与制造业复杂系统的稳定性。稳定指各种干扰出现时系统具有保持或者恢复其原有结构或者状态的能力。类似于其他一般系统，生产性服务业与制造业复杂系统的稳定性主要表现为：该复杂系统在一定条件下，能够保持其基本结构，且状态变量方面的平均值能够保持在均衡水平。但这种稳定是相对状态，是一个较长时间范围内状态变量均值的稳定，并非整个复杂系统的状态变量始终不变。对于生产性服务业与制造业复杂系统，由于两个产业系统的动态多变性，其状态变量在各个时间点上都是不断发生变化的，且以宏观状态变量值持续偏离其均衡水平为表现，这种偏离波动就叫涨落。由于系统要素的独立运动或在局部产生的各种协同运动以及环境因素的随机干扰，系统的实际状态值总会偏离平均值，这种偏离波动大小的幅度以涨落来衡量[①]，可用式（7-1）表示：

$$X(t) = \bar{X} + x(t) \tag{7-1}$$

[①] 李琳、刘莹：《中国区域经济协同发展的驱动因素——基于哈肯模型的分阶段实证研究》，《地理研究》2014 年第 9 期。

式（7-1）中，$\overline{X}$ 是复杂系统的即时的状态变量的平均值，$x(t)$ 为涨落，分为微涨落和巨涨落。生产性服务业与制造业复杂系统在一定时间段中，内部结构、关系相对稳定或只有很小的变化，此时复杂系统整体稳定，系统的状态变量保持在均衡水平。涨落由系统自发产生，具有内生性，在生产性服务业与制造业复杂系统中局部偏离始终存在，体现为复杂系统的小幅波动，不对该系统整体的稳定性产生影响。以上是生产性服务业与制造业复杂系统演化过程中的微涨落。

二是生产性服务业与制造业复杂系统的失稳。与不会打破复杂系统秩序和结构的微涨落不同，巨涨落的出现会导致复杂系统的失稳，使系统结构演化和升级，改变系统的稳定状态。巨涨落由微涨落发展而来，其触发的条件为：系统偏离程度逐渐提高至由一种稳态向另一种稳态跃迁的临界值时，系统会呈现出高度不稳定的状态，此时的微涨落会迅速被放大为波及整个系统的巨涨落。[①] 对于生产性服务业与制造业复杂系统，随着系统内外部运动，系统偏离程度逐渐提高，要素间的独立运动和协同运动进入均势阶段，此时一旦系统偏离程度达到临界值，微涨落即被放大为巨涨落。原有生产性服务业与制造业复杂系统的均衡被打破，复杂系统的结构和状态无法维持，复杂系统在临界点上向新的结构和状态转换，演化过程发生质变，复杂系统随之进入有序状态。

上述生产性服务业与制造业复杂系统稳定和失稳的状态即自组织演化过程，具体如图 7-2 所示。

图 7-2 展示了生产性服务业与制造业复杂系统的自组织演化过程，即通过提高自身的复杂度和精细度从原状态向更高级状态转化的过程。在这种由稳定态经过不稳定态向新的稳定态跃迁的过程中，

---

① 蔡嗣经、陈海燕、郑明贵：《基于遗传神经网络的北京市能源可持续发展能力评价》，《辽宁工程技术大学学报》（自然科学版）2009 年第 1 期。

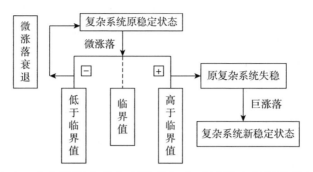

图 7-2 生产性服务业与制造业复杂系统的自组织演化过程

微涨落转化为巨涨落，生产性服务业与制造业复杂系统通过涨落机制，依靠自身的自组织特性实现系统的状态演化。复杂系统的自组织性越强，其保持和产生新功能的能力越强。

（2）生产性服务业与制造业复杂系统演化的自组织条件

根据自组织演化的定义，远离平衡态、系统的开放性、系统内不同要素间存在非线性机制是系统自组织演化出现的三个条件。[①] 从上述三个层次展开分析生产性服务业与制造业复杂系统演化的自组织条件。

第一，远离平衡态。远离平衡态指，系统内部各个部分的物质和能量分布存在较大差异，是极不平衡的。对生产性服务业与制造业复杂系统而言，其内部的各子系统在发展阶段、发展速度、系统中的作用及地位等方面都存在差异，这种差异即非平衡状态的存在，使得复杂系统产生了回归平衡状态的演化动力。在生产性服务业与制造业复杂系统中，存在若干规模、效益、能力差异较大的子系统，这些子系统的演化速度也存在差异，导致复杂系统中的非平衡性加剧。生产性服务业与制造业复杂系统在上述作用下远离平衡态的幅度加大，这种偏离加速了复杂系统内部的结构和功能调整，使系统向新的平衡态演化。

---

① 苗东升编著《系统科学原理》，中国人民大学出版社，1990。

第二，系统的开放性。生产性服务业与制造业复杂系统的开放性是其自组织演化最基本的前提，指复杂系统与环境相互输入与输出物质、能量、信息。与生产性服务业与制造业复杂系统相关的环境包括经济发展状况、宏观政策、文化基础、科技发展水平、其他产业发展态势等各类因素。生产性服务业与制造业复杂系统在与环境的交流中将系统内无序运动产生的熵输出至环境中，并从环境中引入使复杂系统有序发展所需的负熵。同时，这种开放是充分的、适度的开放。生产性服务业与制造业复杂系统通过与环境，尤其是经济发展、社会分工等环境因素深入互动，进行劳动力、资本、信息、技术等各方面的交流，实现开放之中的动态稳定。在开放条件下，由于内外因素的共同作用，生产性服务业与制造业复杂系统能够因开放获益，进而推动复杂系统的开放程度继续提高，实现复杂系统的有序演化。

第三，非线性机制。系统内不同要素间存在非线性机制，系统内各部分间的相互影响不能用简单的线性关系描述。对于生产性服务业与制造业复杂系统，其内部各子系统之间存在复杂的相互作用、相互影响，这种作用和影响不是简单、被动、单向的因果关系，复杂系统的状态变量值也不是各状态变量值的简单叠加。生产性服务业与制造业复杂系统的自组织演化是各子系统共同作用的结果，各子系统都具有主动性和适应能力，其变化趋势是复杂的、非线性的过程，子系统之间以及其与外部环境的交互作用中存在非线性机制。在生产性服务业与制造业复杂系统自组织演化过程中，由子系统构成的系统整体会表现出新的功能与特性。以正负反馈机制为代表的非线性动力学过程，使得生产性服务业与制造业复杂系统内各要素之间产生协同效应，从而使得复杂系统由无序向有序演化。

7.2 生产性服务业与制造业复杂系统协同演化规律

在前文回顾自组织演化理论、分析生产性服务业与制造业复杂系统自组织演化过程及条件的基础上，本节拟利用哈肯模型对生产性服务业与制造业复杂系统的演化规律进行理论推导并运用面板数据进行实证分析。

7.2.1 哈肯模型

哈肯模型（Haken Model）最早由哈肯提出，是协同学理论的重要模型之一。该模型用数学的形式对处于一定外部条件下的复杂系统，在其内部不同变量相互作用下发生演变的过程加以描述。[①] 在哈肯模型中，复杂系统内部的各参量、子系统性质不同，其对复杂系统的影响也不同。这种不同导致复杂系统在其各子系统影响下，演化过程逐步出现不平衡的现象，并区分出快、慢两种变量。快变量和慢变量在复杂系统失稳的过程中得以区分，其中慢变量决定系统的演化过程，并支配快变量的行为，构成新的序参量。[②]

根据协同学中的绝热消去方法，可以通过以下几个步骤来确定系统序参量：第一步，设定系统中的快、慢变量，并在计算的基础上对快变量进行识别；第二步，确定系统的线性失稳点，消除系统中的快变量，在此基础上推导出序参量方程。

假设复杂系统由子系统 A 和子系统 B 两个子系统组成，设 q_1 和 q_2 分别为子系统 A 和子系统 B 的状态变量，则哈肯模型可以被表示为式（7-2）和式（7-3）的形式：

---

① Haken, H., *Information and Self-Organization: A Macroscopic Approach to Complex Systems*, Berlin & New York: Springer-Verlag, 1988.

② 〔德〕赫尔曼·哈肯：《大自然成功的奥秘：协同学》，凌复华译，上海译文出版社，2018。

$$\dot{q}_1 = -\lambda_1 q_1 - aq_1 q_2 \qquad (7\text{-}2)$$

$$\dot{q}_2 = -\lambda_2 q_2 + bq_1^2 \qquad (7\text{-}3)$$

式（7-2）和式（7-3）用于反映子系统 A 和子系统 B 的相互作用关系，q_1 和 q_2 分别为两个子系统的状态变量，而 λ_1 和 λ_2 为阻尼系数，另外 a、b 分别代表子系统状态变量 q_1 和 q_2 相互作用的强度，将以上变量统称为系统的控制参数。以上述条件为基础进行公式推导，可得到复杂系统的定态解，即 $q_1 = q_2 = 0$。

进行如下假设：当不存在子系统 A 只存在子系统 B 时，子系统 B 是阻尼的（damping）[1]，具有子系统振动过程中由外界作用和系统本身固有的原因引起的振动幅度逐渐下降的特性，绝热近似条件成立，可知存在 $|\lambda_2| > |\lambda_1|$。

根据上述推导结合假设条件，可知系统中的快变量为状态变量 q_2。在绝热近似假设成立的条件下，突然撤去 q_2，此时 q_1 来不及产生变化，即令 $q_2 = 0$，可得到如式（7-4）所示的近似解：

$$q_2(t) \approx \frac{b}{\lambda_2} q_1^2(t) \qquad (7\text{-}4)$$

式（7-4）中，q_1 是系统的序参量，原因是式（7-4）中变量 q_2 随着变量 q_1 的变化而变化，可见子系统 A 支配了子系统 B。作为系统的序参量，q_1 具有阻尼小、寿命长的特点，主宰复杂系统的演化过程和演化方向，并通过其支配能力使复杂系统获得其自身结构。将式（7-4）结果代入式（7-2）即可得到复杂系统演化方程：

$$\dot{q}_1 = -\lambda_1 q_1 - \frac{ab}{\lambda_2} q_1^3 \qquad (7\text{-}5)$$

随后判断系统所处状态，方法为依据系统的演化方程以及序参

---

[1] 杨桂通：《系统辩证论的协同和谐原理在工业工程中的应用》，《系统辩证学学报》2000年第 1 期。

量求解系统的势函数。势能体现为对外做功,由于物体存在因系统的位移而产生不同的势能的普遍规律,因此常用势函数判断系统是否处在相对稳定的状态。据式(7-5)可以对复杂系统演化的势函数求解,系统所处状态的势函数由式(7-6)表示:

$$v = 0.5\lambda_1 q_1^2 + \frac{ab}{4\lambda_2} q_1^4 \qquad (7-6)$$

对式(7-6)所描述的势函数进行分析,复杂系统的状态可能有两种。

状态 I,当 $\lambda_1 > 0$ 时,上述势函数方程存在唯一稳定解:$q_1 = 0$。据此可以得到复杂系统的演化趋势图(见图 7-3)。

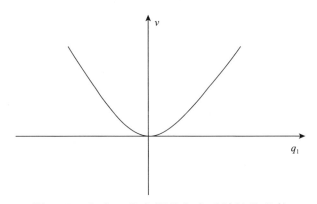

图 7-3 有唯一稳定解的复杂系统演化趋势

状态 II,当 $\lambda_1 < 0$ 时,上述势函数方程存在 3 个解,分别是:$q_{11} = 0$,$q_{12} = \sqrt{-\frac{\lambda_1 \lambda_2}{ab}}$,$q_{13} = -\sqrt{-\frac{\lambda_1 \lambda_2}{ab}}$。其中,$q_{11}$ 不是稳定解,而 q_{12} 和 q_{13} 是稳定解,在此状态下可以得到复杂系统的演化趋势图(见图 7-4)。

图 7-4 描述的是复杂系统存在两个稳定解,从其中一个稳定解演化到另一个稳定解的过程,也就是复杂系统通过突变由一个有序的稳定态进入新的有序稳定态的过程。

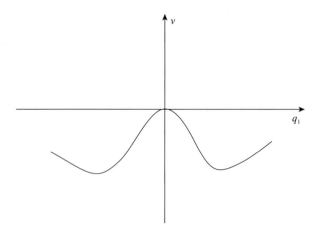

图7-4 有多个稳定解的复杂系统演化趋势

上述对哈肯模型概念和理论的分析以及对协同学复杂系统演化趋势的梳理，有助于后续对生产性服务业与制造业复杂系统的协同关系进行进一步研究。

由于哈肯模型中物理方程是针对连续型随机变量设定的[①]，在将其运用于经济领域时，通常要在模型基本分析框架的基础上对方程做离散化处理，以更好地分析系统演化中的状态变量的相互影响。离散化处理后得到的结果如式（7-7）及式（7-8）所示：

$$q_1(t) = (1 - \lambda_1)q_1(t-1) - aq_1(t-1)q_2(t-1) \tag{7-7}$$

$$q_2(t) = (1 - \lambda_2)q_2(t-1) + bq_1(t-1)q_1(t-1) \tag{7-8}$$

由前面的分析可知，a 代表 q_2 对 q_1 的协同影响，b 代表 q_1 对 q_2 的协同影响；λ_1 和 λ_2 分别代表系统的有序状态（阻尼系数）。模型整体就是通过确定系统中的主要作用参量并建立参量间的运动方程来识别复杂系统的序参量，从而进一步评价复杂系统的协同水平。复杂系统表现出的动态演化行为可以归结为以下几种形式。

第一，$a>0$ 时，q_2 对 q_1 起阻碍作用，且 a 越大，阻碍作用越大；

---

① 焦李成、刘静、钟伟才：《协同进化计算与多智能体系统》，科学出版社，2006。

而 $a<0$ 时，q_2 对 q_1 起推动作用，且 a 的绝对值越大，推动作用越大。

第二，$b>0$ 时，q_1 对 q_2 起推动作用，且 b 越大，推动作用越大；而 $b<0$ 时，q_1 对 q_2 起阻碍作用，且 b 的绝对值越大，阻碍作用越大。

第三，$\lambda_1<0$ 时，q_1 子系统在正反馈机制作用下有序演化，λ_1 的绝对值越大，系统有序度越高；$\lambda_1>0$ 时，q_1 子系统表现为负反馈机制，λ_1 越大，系统无序度越高，涨落得以放大。

第四，$\lambda_2<0$ 时，q_2 子系统在正反馈机制作用下有序演化，λ_2 的绝对值越大，系统有序度越高；$\lambda_2>0$ 时，q_2 子系统表现为负反馈机制，λ_2 越大，系统无序度越高，涨落得以放大。

式（7-7）及式（7-8）直观地体现出了各状态变量对复杂系统演化的影响，为后续生产性服务业与制造业复杂系统演化研究打下了基础。下文，本书根据式（7-7）、式（7-8）所描述的系统演化过程，对生产性服务业与制造业复杂系统演化进行进一步的实证分析。

7.2.2 生产性服务业与制造业复杂系统演化实证分析

（1）变量选择及数据收集

在哈肯演化模型中，状态变量的选择对模型应用具有重要的影响。生产性服务业与制造业系统是一个多层次、多要素构成的复杂系统，在使用哈肯模型对其演化规律进行推演时，第一步是要在多个影响因素中选出能够反映生产性服务业与制造业复杂系统本质特征的序参量。

前文对生产性服务业子系统和制造业子系统分析时发现，生产性服务业与制造业复杂系统的开放性决定其在演化过程中受到内外部多因素的影响，这些因素中经济发展水平 E_s 和技术水平 T_s 是系统出现演化的最重要的因素。为简化研究，假设经济体系中只存在生产性服务业和制造业两个部门，经济发展水平 E_s 用生产性服务业和制造业的生产总值来表示，单位为万亿元；生产性服务业和制造业的技术水平用绿色全要素生产率表示，分别表示为 TS_s 和 TM_s。

受数据可得性限制，去除山西、内蒙古、吉林、海南、贵州、云南、甘肃、西藏和港澳台，取其余 23 个省份数据进行研究。另外，哈肯模型对所需的面板数据的时间序列长度没有过高要求，综合各方面因素考虑，选取 2013~2017 年的数据进行分析。生产性服务业和制造业的生产总值数据来源于各年份《中国统计年鉴》中数据的加总，以 2004 年不变价格计入，具体数据见表 7-1。

表 7-1 2013~2017 年部分省份生产性服务业和制造业生产总值

单位：万亿元

省份	2013 年	2014 年	2015 年	2016 年	2017 年
北京	1.658	1.805	1.982	2.169	2.377
天津	1.097	1.191	1.248	1.305	1.365
河北	1.765	1.819	1.778	1.898	2.000
辽宁	1.660	1.724	1.639	1.113	1.191
黑龙江	0.690	0.681	0.626	0.592	0.572
上海	1.731	1.889	1.991	2.204	2.401
江苏	4.449	4.855	5.245	5.727	6.422
浙江	2.743	2.907	3.102	3.438	3.800
安徽	1.321	1.434	1.500	1.657	1.886
福建	1.394	1.673	1.816	1.995	2.282
江西	1.030	1.127	1.200	1.329	1.445
山东	3.796	4.135	4.359	4.667	5.019
河南	1.962	2.441	2.575	2.833	3.044
湖北	1.303	1.437	1.574	1.755	1.847

省份	2013 年	2014 年	2015 年	2016 年	2017 年
湖南	1.275	1.384	1.438	1.485	1.601
广东	3.852	4.176	4.510	4.822	5.336
广西	0.965	1.059	1.144	1.245	1.225
重庆	0.930	1.043	1.151	1.286	1.413
四川	1.850	2.013	2.126	2.338	2.618
陕西	1.160	1.263	1.263	1.362	1.559
青海	0.134	0.144	0.147	0.154	0.151
宁夏	0.188	0.200	0.210	0.229	0.249
新疆	0.547	0.629	0.625	0.632	0.737

　　绿色全要素生产率用于衡量生产效率，是效率改善、技术进步和规模效应的合力，从本质上讲，是在一定时期内技术进步对经济发展的贡献的综合反映，全要素生产率的增长率也被称为技术进步率。在第 2 章中已经分别估计出各省份 2004~2017 年生产性服务业和制造业的绿色全要素生产率，本部分选取其中 2013~2017 年的数据进行演化分析，所选取数据如表 7-2 所示。

表 7-2　2013~2017 年部分省份生产性服务业和制造业绿色全要素生产率

省份	2013 年		2014 年		2015 年		2016 年		2017 年	
	制造业	生产性服务业	制造业	生产性服务业	制造业	生产性服务业	制造业	生产性服务业	制造业	生产性服务业
北京	1.77	1.92	2.60	2.03	2.45	2.26	2.75	2.55	2.89	3.47
天津	1.00	0.33	1.00	0.44	1.00	0.49	0.93	0.68	1.00	1.00
河北	0.91	1.35	0.86	1.41	0.77	1.50	0.81	1.78	0.89	3.44
辽宁	2.84	1.53	3.06	1.68	3.18	2.38	3.98	3.09	4.48	3.41
黑龙江	2.61	1.16	1.56	1.60	1.55	1.40	1.10	1.35	0.93	1.86
上海	1.44	1.36	1.59	1.59	1.88	1.76	1.92	2.04	2.09	2.18

省份	2013 年		2014 年		2015 年		2016 年		2017 年	
	制造业	生产性服务业	制造业	生产性服务业	制造业	生产性服务业	制造业	生产性服务业	制造业	生产性服务业
江苏	0.57	3.05	0.57	3.28	0.57	3.68	0.58	4.85	0.63	6.26
浙江	0.39	1.71	0.40	1.96	0.39	2.38	0.43	2.71	0.50	3.92
安徽	0.91	0.62	0.92	0.64	0.85	0.72	0.86	0.80	0.91	0.95
福建	0.72	1.66	0.74	2.51	0.71	2.89	0.72	3.44	0.75	4.23
江西	0.95	2.44	0.96	2.58	0.89	2.73	0.88	3.02	0.75	3.12
山东	0.56	2.20	0.53	2.58	0.51	2.62	0.50	2.97	0.53	3.37
河南	0.74	1.06	0.70	2.36	1.06	2.45	0.72	2.65	0.78	2.68
湖北	1.75	7.13	1.74	9.22	1.85	11.31	1.99	13.40	2.11	14.73
湖南	2.00	1.26	2.16	1.37	2.19	1.48	2.63	1.50	2.75	1.71
广东	0.86	6.20	0.88	5.84	2.95	7.00	0.89	9.70	0.93	8.35
广西	1.96	3.75	2.09	3.59	2.16	3.67	2.32	6.29	1.95	6.29
重庆	1.77	1.98	1.82	2.54	1.86	2.98	2.05	3.65	2.15	7.02
四川	1.94	2.35	1.93	2.71	2.15	2.95	2.22	3.70	2.69	3.59
陕西	0.82	0.88	0.81	0.95	0.75	0.96	0.78	1.06	0.88	1.13
青海	1.18	1.76	1.26	2.05	1.28	3.53	1.29	2.49	1.07	2.62
宁夏	0.99	2.34	1.00	2.94	0.96	3.26	1.00	3.44	1.05	3.56
新疆	0.73	2.40	0.73	2.62	0.62	2.66	0.61	2.65	0.76	5.82

（2）序参量识别与模型估计

为确定生产性服务业与制造业复杂系统中的序参量，首先对三个状态变量的地位进行判定，方法为对 E_s、TS_s 和 TM_s 两两构造运动方程并求解，即从 E_s、TS_s 和 TM_s 中依次选取两个变量，分别假设两个变量为序参量，构建方程组进行求解识别。共得出 6 种假设情景，分别对 6 种情景进行分析。

假设情景①，E_s 和 TS_s 组成方程，E_s 为序参量，即 $q_1 = E_s$，$q_2 = $

TS_s。

对应方程组为式（7-9）：

$$\begin{cases} E_s(t) = (1 - \lambda_1)E_s(t-1) - aE_s(t-1)TS_s(t-1) \\ TS_s(t) = (1 - \lambda_2)TS_s(t-1) + bE_s(t-1)E_s(t-1) \end{cases} \quad (7\text{-}9)$$

对方程（7-9）求解，得：

$$\begin{cases} E_s(t) = 1.0731^{***}E_s(t-1) - 0.0027^{***}E_s(t-1)TS_s(t-1) \\ TS_s(t) = 1.1503^{***}TS_s(t-1) + 0.000155^{**}E_s^2(t-1) \end{cases}$$

$$(7\text{-}10)$$

假设情景②，E_s 和 TS_s 组成方程，TS_s 为序参量，即 $q_1 = TS_s$，$q_2 = E_s$。

对应方程组为式（7-11）：

$$\begin{cases} TS_s(t) = (1 - \lambda_1)TS_s(t-1) - aE_s(t-1)TS_s(t-1) \\ E_s(t) = (1 - \lambda_2)E_s(t-1) + bTS_s(t-1)TS_s(t-1) \end{cases} \quad (7\text{-}11)$$

对方程（7-11）求解，得：

$$\begin{cases} TS_s(t) = 1.197^{***}TS_s(t-1) + 0.0204\,E_s(t-1)TS_s(t-1) \\ E_s(t) = 1.078^{***}E_s(t-1) + 0.000007TS_s^2(t-1) \end{cases}$$

$$(7\text{-}12)$$

假设情景③，E_s 和 TM_s 组成方程，E_s 为序参量，即 $q_1 = E_s$，$q_2 = TM_s$。

对应方程组为式（7-13）：

$$\begin{cases} E_s(t) = (1 - \lambda_1)E_s(t-1) - aE_s(t-1)TM_s(t-1) \\ TM_s(t) = (1 - \lambda_2)TM_s(t-1) + bE_s(t-1)E_s(t-1) \end{cases} \quad (7\text{-}13)$$

对方程（7-13）求解，得：

$$\begin{cases} E_s(t) = 1.1002^{***} E_s(t-1) + 0.0166^{***} E_s(t-1)TM_s(t-1) \\ TM_s(t) = 1.0868^{***} TM_s(t-1) - 0.0005 E_s^2(t-1) \end{cases}$$

$$(7-14)$$

假设情景④，E_s 和 TM_s 组成方程，TM_s 为序参量，即 $q_1 = TM_s$，$q_2 = E_s$。

对应方程组为式（7-15）：

$$\begin{cases} TM_s(t) = (1-\lambda_1)TM_s(t-1) - aE_s(t-1)TM_s(t-1) \\ E_s(t) = (1-\lambda_2)E_s(t-1) + bTM_s(t-1)TM_s(t-1) \end{cases} \quad (7-15)$$

对方程（7-15）求解，得：

$$\begin{cases} TM_s(t) = 1.099^{***} TM_s(t-1) + 0.008 E_s(t-1)TM_s(t-1) \\ E_s(t) = 1.092^{***} E_s(t-1) - 0.0031^{***} TM_s^2(t-1) \end{cases}$$

$$(7-16)$$

假设情景⑤，TM_s 和 TS_s 组成方程，TM_s 为序参量，即 $q_1 = TM_s$，$q_2 = TS_s$。

对应方程组为式（7-17）：

$$\begin{cases} TM_s(t) = (1-\lambda_1)TM_s(t-1) - aTM_s(t-1)TS_s(t-1) \\ TS_s(t) = (1-\lambda_2)TS_s(t-1) + bTM_s(t-1)TM_s(t-1) \end{cases} \quad (7-17)$$

对方程（7-17）求解，得：

$$\begin{cases} TM_s(t) = 0.861^{***} TM_s(t-1) - 0.06^{***} TS_s(t-1)TM_s(t-1) \\ TS_s(t) = 1.128^{***} TS_s(t-1) + 0.038 TM_s^2(t-1) \end{cases}$$

$$(7-18)$$

假设情景⑥，TM_s 和 TS_s 组成方程，TS_s 为序参量，即 $q_1 = TS_s$，$q_2 = TM_s$。

对应方程组为式（7-19）：

$$\begin{cases} TS_s(t) = (1 - \lambda_1)TS_s(t-1) - aTM_s(t-1)TS_s(t-1) \\ TM_s(t) = (1 - \lambda_2)TM_s(t-1) + bTS_s(t-1)TS_s(t-1) \end{cases} \quad (7\text{-}19)$$

对方程（7-19）求解，得：

$$\begin{cases} TS_s(t) = 1.06TS_s(t-1) - 0.057^{***}TS_s(t-1)TM_s(t-1) \\ TM_s(t) = 1.096^{***}TM_s(t-1) - 0.0013TS_s^2(t-1) \end{cases} \quad (7\text{-}20)$$

各系数估计值的显著水平用上角标标注，＊＊＊、＊＊分别表示在 1%、5%的水平下显著，无上角标则表示结果不显著。根据哈肯模型定义，对上述 6 种假设情景下的参数值进行计算和汇总，得出各假设情景下的参数值，如表 7-3 所示。

表 7-3　不同假设情景下哈肯模型参数估计结果

假设情景	序参量（慢变量）	快变量	λ_1	λ_2	a	b
①	E_s	TS_s	−0.0731	−0.1503	0.0027	0.000155
②	TS_s	E_s	−0.197	−0.078	−0.0204	0.000007
③	E_s	TM_s	−0.1002	−0.0868	−0.0166	−0.0005
④	TM_s	E_s	−0.099	−0.092	−0.008	−0.0031
⑤	TM_s	TS_s	0.139	−0.128	0.06	0.038
⑥	TS_s	TM_s	−0.06	−0.096	0.057	−0.0013

根据哈肯模型对序参量的规定，结合表 7-3 中的参数值对各假设情景进行判定，发现除假设情景①以外，假设情景②~⑥均不符合哈肯模型中 $|\lambda_2| > |\lambda_1|$ 的基本假设，即只有假设情景①成立。因此，对于生产性服务业与制造业复杂系统，经济发展水平 E_s（生产性服务业和制造业生产总值）为生产性服务业与制造业复杂系统的序参量，此时有 $\lambda_2 < 0$，且 $|\lambda_2| > |\lambda_1|$，表明绿色全要素生产率 TS_s 是迅速衰减的快变量，而经济发展水平 E_s 是阻尼小、衰减慢的序

参量。

式（7-9）和式（7-10）中的 R^2 分别为 0.9848 和 0.9947，方程回归结果拟合度高，可以较好地反映出变量间的关系，有：

$$\dot{E}_s = 1.0731E_s - 0.0027E_sTS_s \qquad (7-21)$$

$$\dot{TS}_s = 1.1503TS_s + 0.000155E_s^2 \qquad (7-22)$$

根据哈肯模型采用绝热消去法，令 $\dot{TS}_s = 0$，对式（7-21）求解，又据 $q_2(t) \approx \dfrac{b}{\lambda_2}q_1^2(t)$ 可知有：

$$TS_s \approx \frac{b}{\lambda_2}E_s^2 = \frac{0.000155}{-0.1503}E_s^2 = -0.00103E_s^2 \qquad (7-23)$$

继续将式（7-23）代入式（7-21），可以求得序参量 E_s 的方程：

$$\dot{E}_s = 1.0731E_s - 0.00000278E_s^3 \qquad (7-24)$$

可以进一步求得生产性服务业与制造业复杂系统演化的势函数：

$$v = -0.03655E_s^2 + 0.00000070E_s^4 \qquad (7-25)$$

令 $\dot{E}_s = 0$，由于 $\lambda_1 < 0$，根据哈肯模型的规律，可知势函数方程（7-25）有 3 个解：$q_{11} = 0$，$q_{12} = \sqrt{-\dfrac{\lambda_1\lambda_2}{ab}}$，$q_{13} = -\sqrt{-\dfrac{\lambda_1\lambda_2}{ab}}$。其中，$q_{11}$ 不稳定，而 q_{12} 和 q_{13} 是稳定解，据此可以得到复杂系统的演化趋势图。

为进一步分析生产性服务业与制造业复杂系统的演化机制，对势函数进行求导，得其一阶导数为：

$$\frac{\mathrm{d}v}{\mathrm{d}E_s} = -0.0731E_s + 0.0000028E_s^3 \qquad (7-26)$$

令 $\dfrac{\mathrm{d}v}{\mathrm{d}E_s} = 0$，可得：

$$E_s(0.0731 - 0.0000028E_s^2) = 0 \qquad (7-27)$$

进而可以得出序参量 E_s 的 3 个定态解为：

$$E_{s1} = 0$$

$$E_{s2} = + \sqrt{\frac{0.0731}{0.0000028}} = 161.577$$

$$E_{s3} = - \sqrt{\frac{0.0731}{0.0000028}} = - 161.577$$

继续对势函数求二阶导数，可得：

$$\frac{\mathrm{d}^2 v}{\mathrm{d}(E_s)^2} = - 0.0731 + 0.0000084E_s^2 \qquad (7-28)$$

将上面求出的三个定态解分别代入式（7-28）可得：

当 $E_{s1} = 0$ 时，有：

$$\frac{\mathrm{d}^2 v}{\mathrm{d}(E_s)^2} = - 0.0731 < 0，$$

此时势函数有极大值：$v_{\max} = 0$。据上文分析 E_{s1} 是一个不稳定解。

当 $E_{s2} = 161.577$，$E_{s3} = - 161.577$ 时，有：

$$\frac{\mathrm{d}^2 v}{\mathrm{d}(E_s)^2} = 0.1462 > 0$$

此时势函数有极小值：$v_{\min} = - 477.1080$。可知，E_{s2} 和 E_{s3} 是方程的两个稳定解。

根据以上分析，可以绘制序参量 E_s 的势函数的形状图（见图 7-5）。

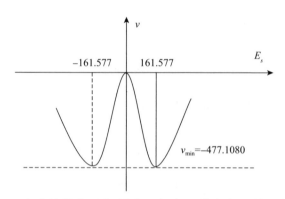

图 7-5　生产性服务业与制造业复杂系统序参量势函数形状

（3）结果分析

在前面的实证分析中，运用哈肯模型进行推导得出了势函数，在物理和生物系统中，势能体现为对外做功，指系统中物体由于位移而具有的采取某种走向的能力，这种能力决定了系统的演化方向。[①]针对所构建的生产性服务业与制造业复杂系统，势函数的结构特征可以展现出复杂系统的演化机制。本节通过构建和求解势函数，推断系统的演化方向和能力，从而有效判断系统是否处在相对稳定的状态。势函数发生变化，说明状态变量（代表系统行为）和控制参量（反映环境对系统的影响）二者的相互作用及状态发生变化，此时，生产性服务业与制造业复杂系统从稳定态转变为不稳定态。

由表 7-3 可知，在生产性服务业与制造业复杂系统中，经济发展水平 E_s 是阻尼小、衰减慢的序参量，对复杂系统的演化起决定性作用。生产性服务业和制造业生产总值所代表的经济发展水平发生变动时，会引发复杂系统序参量的相应变动，随后势函数发生变化，最终改变生产性服务业与制造业复杂系统的稳定状态。作为序参量的经济发展水平受到内外部经济形式、市场需求、环境资源和技术

---

① 〔德〕赫尔曼·哈肯：《协同学——大自然构成的奥秘》，凌复华译，上海译文出版社，2013。

水平多方面的制约，在一定时间内存在增长的极限。因此，在一定区域和时间范围内，生产性服务业与制造业复杂系统的结构会在一定程度上保持相对稳定的状态。

作为生产性服务业与制造业复杂系统的序参量，经济发展水平在复杂系统演化中起关键作用，主宰复杂系统的演化方向。当生产性服务业与制造业复杂系统演化至临界点时，经济发展水平决定了其后续演化的方向。当前，中国经济正处于高质量发展的新阶段，经济在发展速度、发展方式、整体结构、发展动力等方面都面临重要变革，经济系统处于演化的临界状态。在此关键时期，保持经济总量增长、增长速度适当对生产性服务业与制造业复杂系统有序发展和演化具有重要意义。

在生产性服务业与制造业复杂系统演化过程中，除了经济发展水平作为序参量产生影响之外，模型中所设定的各个参数即控制参量也反映复杂系统演化的特征。上文中的 λ_1、λ_2、a 和 b 是控制参量，它们反映复杂系统演化过程中环境对复杂系统行为的影响。根据哈肯模型，结合实证分析结果，生产性服务业与制造业复杂系统各控制参量的含义如下：$\lambda_1<0$，说明生产性服务业与制造业复杂系统内部已经建立了经济增长的正反馈机制；$\lambda_2<0$，说明生产性服务业与制造业复杂系统内部已经建立了生产性服务业绿色全要素生产率的正反馈机制；$a>0$，说明在当前条件下，生产性服务业绿色全要素生产率的提升还没有很好地促进经济增长；$b>0$，说明经济增长会促进生产性服务业绿色全要素生产率提升。稳定解如图 7-5 所示，生产性服务业与制造业复杂系统新的稳定定态解 E_{s2} 和 E_{s3} 出现于复杂系统经济增长和生产性服务业绿色全要素生产率发生非零作用时。在稳定定态解 E_{s2} 和 E_{s3} 处，生产性服务业与制造业复杂系统形成新的有序结构。

综上所述，生产性服务业与制造业复杂系统势函数的状态，取决于反映系统行为的状态变量：经济发展水平、绿色全要素生产率以及环境对系统影响的控制参量。当生产性服务业与制造业复杂系统的发展接近极限时，其原有的结构难以适应，而经济发展水平、绿色全要素生产率等因素变化使复杂产业结构继续优化升级，技术进一步提升，产业效率持续改善，资源环境友善度提高，模型中 λ_1、λ_2、a 和 b 发生变化，生产性服务业与制造业复杂系统形成新的结构。新结构所对应的系统发展极限程度提升，生产性服务业与制造业复杂系统在新的势函数下运行并演化，复杂系统经过自组织演化进入更高层次的稳态。

7.3 本章小结

本章对生产性服务业与制造业复杂系统演化的关系、规律、状态进行了分析。首先分析了生产性服务业与制造业复杂系统的自组织演化过程，然后以哈肯模型为基础，通过对复杂系统中的经济发展水平、生产性服务业绿色全要素生产率和制造业绿色全要素生产率两两进行分析，确定了经济发展水平是复杂系统的序参量，在生产性服务业与制造业复杂系统演化过程中起决定性作用。当生产性服务业与制造业复杂系统接近其演化极限时，技术进步、经济增长等因素的变化使生产性服务业与制造业复杂系统在新的势函数下运行，复杂系统向更高层次演化。

第8章　生产性服务业与制造业
绿色协同演化路径

在对生产性服务业与制造业协同演化的机制进行理论剖析和实证检验的基础上，本章运用 SD 模型来构建生产性服务业与制造业绿色协同演化路径的仿真模型，探索实现生产性服务业与制造业绿色协同发展的有效路径，从而为我国产业体系的稳健发展提供更为直观和准确的方向依据。

8.1　理论基础及建模步骤

系统动力学（System Dynamics，SD）是由麻省理工学院的 J. W. Forrester 等于 1956 年创立的。20 世纪 60 年代，Forrester 等界定了系统动力学的方法和原理；80 年代后，该模型成功解决了困扰经济学界的长波问题，因此受到了诸多学者的关注；90 年代后，系统动力学不仅在理论研究方面加强了突变理论、耗散结构、统计分析的联系，同时加强了参数估计、优化技术应用、类属结构等方面的研究。

作为自然科学和社会科学交叉的综合性学科，SD 是以系统论、控制论、信息论为基础，主要用于分析处理生态、生物、能源、经济、医学、工业、城市等系统内部结构、信息反馈、系统功能和行为动态的辩证关系，是一门研究信息反馈系统的学科。SD 研究的是一种多层次、多部门、非线性的因果反馈结构的系统，在多层次性、约束性、复杂性等特点的基础上，结合各类约束条件、系统边界、外生变量等，可以实现从系统整体出发对经济变量、政策变量进行简化，同时使系统问题更加清晰。

系统动力学描述了系统的整体性和复杂性，考虑到系统多部分、多层次的结构，为清晰地进行描述，通常会将复杂的系统分为若干个子系统，再根据因果关系把各个子系统连接起来，模型关系可以表示为：

$$\begin{cases} T = (S, R_{jk}) \\ S = \{ S_i \mid i = I \} \\ R_{jk} = \{ r_{jk} \mid j \in J, k \in K, J + K = I \} \end{cases} \quad (8-1)$$

整体系统 T 中包含 S 个子系统，R_{jk} 描述了子系统之间的关系。根据结构的不同，子系统可以分为良性结构和非良性结构，其中良性结构可以直接用水平变量、速率变量、辅助变量及相关函数表示，如式（8-2）所示：

$$Sp_1 = WR$$

$$\binom{R}{A} = w\binom{Sp_2}{A} \quad (8-2)$$

其中，Sp_1 为纯速率变量；W 为转移矩阵；R 为速率变量；A 为辅助变量；w 为关系矩阵；Sp_2 为水平变量。系统中无法用数学函数精确描述的结构通常通过定性、半定性或者半定量来描述。

在运用系统动力学模型分析现实问题时，第一步需要明确待解决的问题和建模目的；第二步需要对研究对象的边界进行界定，指出研究问题的系统变量要素；第三步需要对系统结构进行分析，厘清系统层次和子模块的反馈关系并确定系统之间的连接，确定流位变量和流率变量；第四步需要根据各要素之间的因果关系建立结构方程式，设定各类参数和初始值；第五步需要对模型进行有效性、灵敏度检验，然后进行情景模拟和政策仿真分析（见图8-1）。

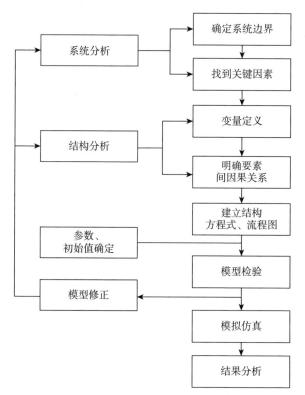

图8-1 系统动力学建模的主要步骤

8.2 系统动力学模型构建

8.2.1 系统边界

在研究生产性服务业与制造业绿色协同演化的过程中，需要保证系统完全闭合且各模块之间划分清晰，在此基础上才可以对系统内的各变量进行重新赋值。分析因果关系时，生产性服务业、制造业、碳排放的关系实际取决于各模块之间的相互影响和反馈，为更好地了解三者的作用过程以及各因素之间的相互作用，本书在综合相关的研究成果的基础上将系统边界定义为我国 30 个省份（不包含西藏和港澳台地区）的空间边界，并将生产性服务业与制造业的发展系统分成资源、经济、环境、人口四个子系统。

资源子系统主要考量我国生产性服务业和制造业的能源消耗量；经济子系统主要考量 GDP、生产性服务业增加值、制造业增加值、社会固定资产投资及各部门的投资；在环境子系统中化石能源消耗量是碳排放的主要影响因素，也是经济发展的驱动力；人口子系统主要是考虑了我国的人口数量和生产性服务业与制造业的劳动力人口。通过观察图 8-2 可知，一方面，两部门 GDP 的增加拉动 GDP总量的增长，以此带动了社会固定资产投资的增加，从而使生产性服务业和制造业增加值提升，能源消费总量随即增长并导致碳排放攀升，故减排成本会有所增加。同时，随着人口和人均可支配收入的增长，人对生活消费品的需求促使生活能源消费增加，进而使能源消费总量增加。另一方面，GDP 增加使得科技研发投入逐渐增加，科学技术的进步不但可以提升能源利用效率，促进新兴能源的开发，优化产业结构，还能够提升生产性服务业和制造业的产业竞争力和产品的附加值，从而促进该产业部门的增加值的增长。

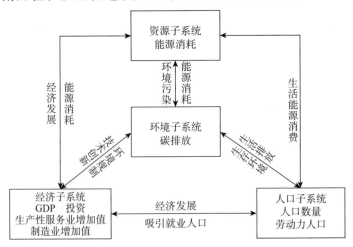

图 8-2　生产性服务业与制造业绿色协同发展系统框架

8.2.2　模型设定

我国生产性服务业与制造业绿色协同发展系统是一个受多种因素影响的复合系统，各影响因素间相互影响、相互制约。为了将视角聚焦于本书研究的主要问题和矛盾，从复杂的现实系统中剥离出模型的关键结构，找到影响研究核心的关键变量及其中的反馈结构，便于进行系统分析，本书对系统动力学模型做出如下设定。

第一，我国生产性服务业与制造业绿色协同发展系统模型中只考虑能源、经济、环境、人口之间的关系。

第二，系统参数的估计需要在系统动力学模型的调试过程中通过反复模拟运行来进行，较为常用的参数估计方法有：历史数据求均值（中位数）法、趋势发展推测法、表函数法、回归函数法等。

第三，将系统的基准年限设定为 2004 年，预测目标年限设定为 2025 年，仿真步长为 1 年。本章的研究时间为 2004～2017 年，在构建模型的过程中所使用的数据均来源于《中国统计年鉴》《中国能源统计年鉴》等权威统计年鉴。

8.2.3　系统模型仿真

运用 Vensim 软件，得到我国生产性服务业与制造业绿色协同发展系统的因果关系图（见图 8-3）。值得注意的是，生产性服务业比重与能源消费量之间存在负向作用，说明生产性服务业比重的增长可能会带来能源消费量的减少；技术水平提升使新能源得到开发，研发经费支出和一次能源消费比重之间存在负向作用。系统中涉及的主要回馈如下。

（1）正回馈

第一，GDP→社会固定资产投资↑→各部门投资↑→生产性服务业增加值↑→生产性服务业比重↑→能源消费量↓→能源消费碳

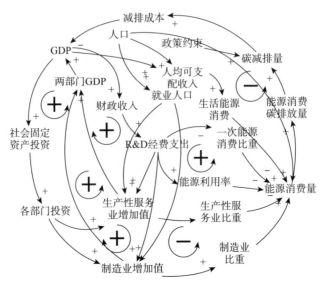

图 8-3　生产性服务业与制造业绿色协同发展系统的因果关系

排放量↓→减排量↓→减排成本↓→GDP↑。

　　生产性服务业以现代物流业、商务服务业、信息服务业、科技服务业、现代金融服务业、涉农服务业为主，产业结构的优化预示着能源消费量和碳排放量的减少，进而减少了减排成本，增加了GDP产出。

　　第二，GDP→财政收入↑→R&D经费支出↑→能源利用效率↑→能源消费量↓→能源消费碳排放量↓→减排量↓→减排成本↓→GDP↑。

　　第三，GDP→财政收入↑→R&D经费支出↑→一次能源消费比重↓→能源消费量↓→能源消费碳排放量↓→减排量↓→减排成本↓→GDP↑。

　　观察第二个和第三个回路可知，随着R&D经费支出的增加，科学技术进步将从提升能源利用效率和优化能源结构两条路径实现节能减排。

　　第四，两部门GDP→GDP↑→社会固定资产投资↑→两部门投资↑→生产性服务业增加值↑→两部门 GDP↑。

第五，两部门 GDP→GDP↑→社会固定资产投资↑→两部门投资↑→制造业增加值↑→两部门 GDP↑。

第六，GDP→财政收入↑→R&D 经费支出↑→生产性服务业增加值↑→两部门 GDP↑→GDP↑。

第七，GDP→财政收入↑→R&D 经费支出↑→制造业增加值↑→两部门 GDP↑→GDP↑。

观察第六个和第七个回路可知，技术进步因素对生产性服务业和制造业增加值有直接影响。生产性服务业和制造业增加值在一定程度上推动了技术进步率的提升。而 R&D 经费支出的增加也会提升两产业的竞争力和产品的附加值，从而促进该产业部门的增加值增长。

（2）负回馈

第一，GDP→社会固定资产投资↑→各部门投资↑→制造业增加值↑→制造业比重↑→能源消费量↑→能源消费碳排放量↑→减排量↑→减排成本↑→GDP↓。

制造业作为国家生产力水平的体现，对物料、能源、设备等资源具有较大的依赖，且表现出了高耗能的发展特点。制造业产业比重的提升将会进一步加剧能源消耗，从而导致碳排放增加。

第二，GDP→人均可支配收入↑→生活能源消费↑→能源消费量↑→能源消费碳排放量↑→减排量↑→减排成本↑→GDP↓。

8.2.4　系统动力流程

参照相关文献的系统动力学建模方式[①]，根据系统框架图及相关研究成果，构建我国生产性服务业与制造业绿色协同发展系统的动力流程图（见图 8-4）。

[①]　余志林、丁浩、王信敏：《基于系统动力学的山东省油气产业能耗控制研究》，《中国人口·资源与环境》2019 年第 5 期。

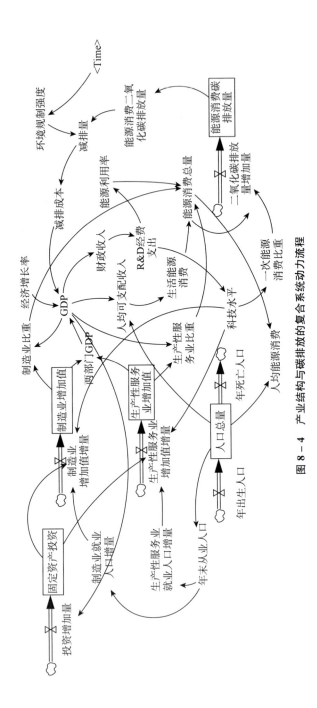

图 8 - 4　产业结构与碳排放的复合系统动力流程

8.2.5　主要变量说明及系统方程式

根据上文分析可知，模型中变量可以分为水平变量、速率变量、辅助变量、影子变量几类，根据相关概念的界定，将系统动力流程图中的变量划分为：①水平变量，固定资产投资、制造业增加值、人口总量、生产性服务业增加值、能源消费碳排放量；②速率变量，投资增加量、制造业增加值增量、生产性服务业增加值增量、二氧化碳排放量增加量、年出生人口、年死亡人口；③辅助变量及常量，生产性服务业就业人口增量、制造业就业人口增量、年末从业人口、两部门 GDP、GDP、财政收入、人均可支配收入、R&D 经费支出、生活能源消费、人均能源消费、能源消费总量、能源利用率、能源消费二氧化碳排放量、减排量、环境规制强度、减排成本、一次能源消费比重、生产性服务业比重、制造业比重、科技水平；④影子变量，时间常量 Time。主要方程式如下。

投资增加量＝0.08043×GDP＋272245.9（亿元）

制造业增加值＝0.5726×全社会固定资产投资＋16.3553×制造业就业人口＋0.0363×科技水平－76997.27（亿元）

生产性服务业增加值＝0.0041×全社会固定资产投资－0.4423×生产性服务业就业人口－0.0002×科技水平＋533.14（亿元）

生产性服务业比重＝（生产性服务业增加值－中间投入）/GDP

制造业比重＝（制造业增加值－中间投入）/GDP

财政收入＝0.01685×GDP＋85698.95（亿元）

R&D 经费支出＝0.1036×财政收入－1328.09（亿元）

科技水平＝0.0086×R&D 经费支出＋587.56（亿元）

生活能源消费＝1.5232×人均可支配收入＋17348.79（万吨）

人均能源消费＝能源消费总量/人口总量（万吨）

能源消费总量＝29440.91×制造业比重＋1995153×生产性服务业

比重$-6431.74\times$能源利用率-338045.6（万吨）

　　二氧化碳排放量增加量$=2.69\times$能源消费总量$+0.3123\times$一次能源消费比重-0.2798（万吨）

　　生产性服务业人口增量$=0.0381\times$人口总量-3159.71（万人）

　　制造业人口增量$=1.01170\times$人口总量-122339.4（万人）

　　两部门GDP$=$制造业增加值$+$生产性服务业增加值（亿元）

　　GDP$=-0.1149\times$两部门GDP$+339.3309\times$减排成本$+421171.2$（亿元）

　　政策约束强度$=$WITH LOOKUP（Time，$\{$［（2004，0）$-$（2017，1）］，（2004，0.01689），（2005，0.01773），（2006，-0.0155），（2007，0.4931），（2008，0.1865），（2009，0.5300），（2010，0.3856），（2011，0.3481），（2012，0.2981），（2013，0.2717 ），（2014，0.1757），（2015，0.0905），（2016，0.1028），（2017，0.1484）$\}$）（万吨/亿元）

8.3　模型检验

8.3.1　结构检验

　　对我国生产性服务业与制造业绿色协同发展系统进行研究，需对模型中的各变量进行一致性检验。本书所建模型使用的数据均来源于《中国统计年鉴》《中国能源统计年鉴》等权威统计年鉴。本书建立的模型包含生产性服务业与制造业绿色协同发展系统中有关节能减排的重要影响因素及指标，并结合真实有效的数据验证了模型中因果关系的正确性。通过对生产性服务业与制造业绿色协同发展系统深入分析，了解生产性服务业与制造业绿色发展系统的实际情况，在此基础上通过筛检相关指标将模型简化。

8.3.2　有效性检验

系统动力学模型是对现实世界的模拟，为确保现实中观察到的结果在模型中依然成立，必须验证模型的有效性和可行性。[①] 本书通过计算 2004~2017 年两部门的产业增加值、能源消费碳排放量、生产性服务业比重，来检验生产性服务业与制造业绿色协同演化模型的有效性，检验结果如表 8-1 所示。

通过观察表 8-1 可知，生产性服务业与制造业绿色协同发展系统的三个变量的最大误差率分别为 7.01%、8.86%、5.33%，均小于 10%，平均误差率分别为 4.80%、3.89%、2.72%，均小于 5%，均在可接受的误差范围内。由此可知，生产性服务业与制造业绿色协同演化的真实情况可以被上文构建的系统动力学模型较真实地反映。

8.3.3　灵敏度检验

生产性服务业与制造业绿色协同发展系统的运行检验主要是参数灵敏度检验。设定相关变量参数，如果得到的运行结果出现突变，则表明所建模型存在一定的问题，需要对所建模型进行一定的结构优化和参数修正。本书通过将人口总量提升 10% 和 11%，即以两种情景观察两部门产业增加值的变化来做灵敏度检验，检验结果如图 8-5 所示。三种情况下的运行结果相差不大，这表明模型灵敏度符合模拟要求。

---

① 李腾、张钟元：《非核心企业反向知识溢出研究——基于开放式创新视角的系统动力学分析》，《技术经济与管理研究》2020 年第 4 期。

表8-1 2004~2017年模拟值与实际值的对比及其误差率

年份	两部门产业增加值			能源消费碳排放量			生产性服务业比重		
	实际值（亿元）	模拟值（亿元）	误差率（%）	实际值（万吨）	模拟值（万吨）	误差率（%）	实际值（%）	模拟值（%）	误差率（%）
2004	70937.84	70937.84	0.00	619455.9	619455.9	0.00	31.22	31.22	0.00
2005	86816.13	85565.98	1.44	703082.6	699989.04	0.44	31.64	31.36	0.88
2006	104038.30	100136.86	3.75	770596.2	764816.72	0.75	32.10	33.13	3.21
2007	125347.16	118064.49	5.81	837779	894831.75	6.81	33.06	34.41	4.08
2008	150271.45	140759.27	6.33	862443.6	819148.93	5.02	32.58	33.79	3.71
2009	158906.02	148910.83	6.29	904178.9	866836.31	4.13	34.09	35.53	4.22
2010	194253.96	183550.57	5.51	970143.1	894277.91	7.82	33.59	35.38	5.33
2011	232668.51	221174.69	4.94	1041146	948900.46	8.86	33.57	34.31	2.20
2012	251729.44	238161.22	5.39	1081751	1128158.12	4.29	34.44	36.18	5.05
2013	268589.13	252124.62	6.13	1121496	1180598.84	5.27	35.66	36.25	1.65
2014	282174.07	262393.67	7.01	1145418	1203147.07	5.04	36.57	37.45	2.41
2015	281634.28	262060.70	6.95	1156444	1146151.65	0.89	39.04	39.93	2.28
2016	287364.55	273772.21	4.73	1172353	1227336.36	4.69	40.36	41.59	3.04
2017	307053.47	298118.21	2.91	1206543	1201958.14	0.38	40.64	40.68	0.10

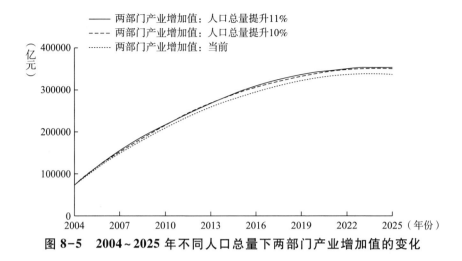

图 8-5　2004~2025 年不同人口总量下两部门产业增加值的变化

8.4　系统预测

通过模型检验之后，对生产性服务业与制造业绿色协同发展系统进行仿真预测。为进一步观察经济子系统、人口子系统、资源子系统、环境子系统的运行情况，本书利用模型预测国内生产总值、生产性服务业增加值、制造业增加值、生产性服务业产业结构比重、制造业产业结构比重、生产性服务业就业人口、制造业就业人口、能源消费总量、能源消费碳排放量（见图 8-6~8-9）。

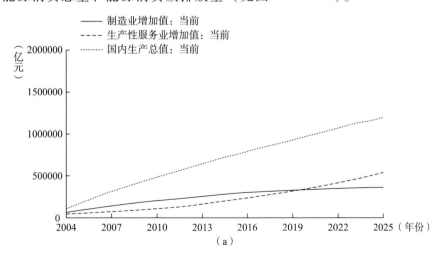

（a）

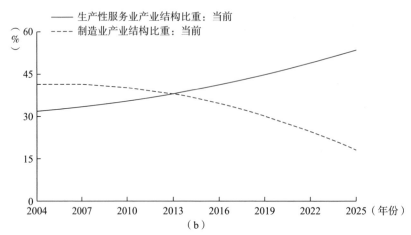

图 8-6 2004~2025 年生产性服务业和制造业经济子系统预测值

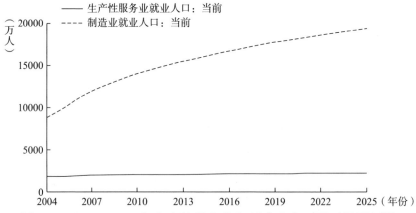

图 8-7 2004~2025 年生产性服务业和制造业人口子系统预测值

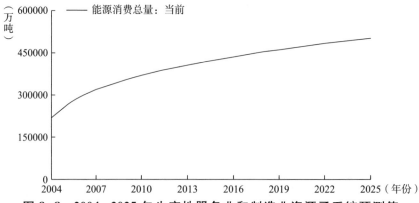

图 8-8 2004~2025 年生产性服务业和制造业资源子系统预测值

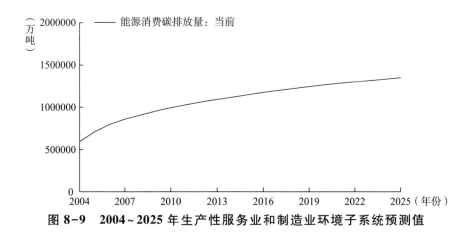

图 8-9　2004~2025 年生产性服务业和制造业环境子系统预测值

观察仿真结果可知，虽然 GDP 上升趋势明显，但增速逐渐放缓，2017 年模拟 GDP 为 82.56 万亿元，与实际值（82.71 万亿元）较为接近，2025 年预计 GDP 将达到 141.05 万亿元。制造业增加值总体增长趋势与 GDP 相仿，2025 年预计将达到 35.85 万亿元。生产性服务业增加值增速较快，于 2019 年超过制造业，预计 2025 年将达到 53.21 万亿元。在产业结构方面，生产性服务业和制造业呈现出截然相反的发展趋势，2013 年后，生产性服务业产业结构比重超过制造业，且一路攀升，2025 年将达到 53.39%，而制造业则从 2004 年的 41.33% 下滑至 2025 年的 18.02%。在人口子系统中，生产性服务业就业人口一直处于低位，且增速较慢，2025 年预计仅为 2272.63 万人，同比 2004 年增加 21.73%。而制造业的就业人口从 2004 年的 8770.63 万人增加至 2025 年的 19398.76 万人，增加两倍多。就资源子系统而言，经济的发展离不开能源的消耗，虽然经济发展能够优化产业结构，同时依托科技投入提高能源效率，降低燃煤类能源消费比重，但 2025 年预计能源消耗仍将达到 50.07 亿吨。在环境子系统中，能源消费碳排放量在 2011 年超过 100 亿吨后，将于 2025 年达到 134.71 亿吨。

8.5 生产性服务业与制造业绿色
发展系统仿真结果分析

本书通过构建生产性服务业与制造业绿色协同发展系统动力学模型，并将模型分别运行至 2025 年，模拟不同环境规制对生产性服务业与制造业绿色协同发展系统的影响，分析其相应的影响效果。本书设置了经济激励、技术创新、政府投资等多种类型的环境规制政策情景，通过调整模型中不同变量的参数，观察生产性服务业增加值、制造业增加值、能源消费总量、能源消费碳排放量等变量的变化率。针对每种类型的环境规制政策，通过设定参数的大小又分别设定了弱、中、强三种不同强度。当前模式是根据历史值对系统进行的模拟，将其作为对照组对比分析相对其他情景模式的变动情况。

8.5.1 经济激励情景

经济激励情景是以经济激励为视角，研究刺激型经济政策对生产性服务业与制造业绿色协同发展的影响，通过改变国内生产总值增长率实现。根据经济刺激由弱到强设计了情景 1、情景 2、情景 3 三种情景。

情景 1：国内生产总值增长率在原有 6% 的基础上提升为 6.5%。

情景 2：国内生产总值增长率在原有 6% 的基础上提升为 7.0%。

情景 3：国内生产总值增长率在原有 6% 的基础上提升为 7.5%。

仿真结果显示，情景 1~3 中，国内生产总值增长率提升，对生产性服务业增加值、制造业增加值、能源消费总量、能源消费碳排放量均有显著的促进作用（见图 8-10~8-13）。就生产性服务业而言，2025 年生产性服务业增加值从对照组当前情景的 532184.36 亿元增加至情景 3 的 614383.00 亿元，增幅为 15.45%。制造业 2025 年的增加值则从对照组当前情景的 358586.84 亿元增加至情景 3 的 472668.20 亿元，增幅为 31.81%。随着生产性服务业和制造业产值的增加，能源消费总量也从 2025 年对照组当前情景的 500790.77 万吨增加至 556879.34 万吨。

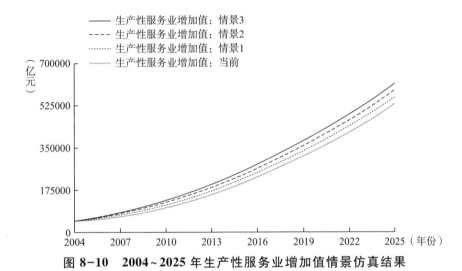

图 8-10　2004~2025 年生产性服务业增加值情景仿真结果

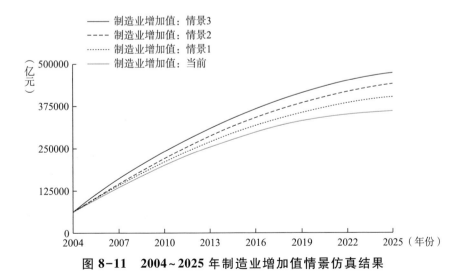

图 8-11　2004~2025 年制造业增加值情景仿真结果

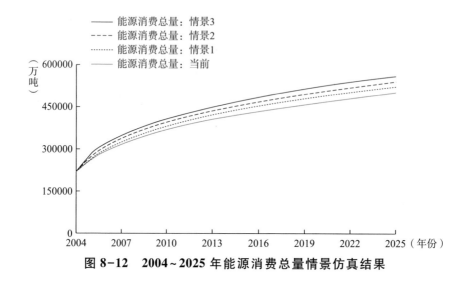

图 8-12　2004~2025 年能源消费总量情景仿真结果

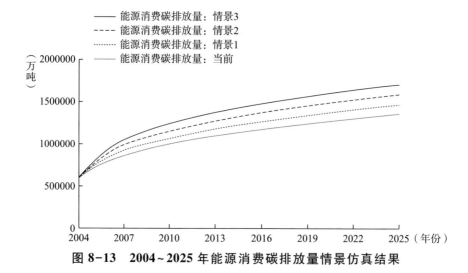

图 8-13　2004~2025 年能源消费碳排放量情景仿真结果

　　虽然国内生产总值增长率提升也带动了科技投入的增加，使能源效率和科技水平有所提升，优化了能源结构，但结果并不理想，我国经济发展始终本着先发展后优化治理的思路。造成能耗增加的原因有以下几个。①在政府强调深化能源体制改革的同时，仍有部分地区出现煤类、燃油类能源消耗比重增速过快的局面，不仅仅是因为资源禀赋结构和刚需，粗放式的经济增长方式也加深了工业化对化石能源的依赖。扭曲的价格体系使资源的稀缺性和环境外部性被严重低估，同时可再生能源的技术、基建、政策瓶颈也迟迟无法突破。②回弹效应的存在使得技术进步或能源消费所节约的能源被部分或者完全抵消，导致能源节约效果低于预期，从而使政府政策的有效性降低。艾明晔等认为，中国石化行业能源回弹效应为32.23%。[1] 陈洪涛等认为，中国城市居民能源消费的回弹效应抵消了 70% 技术进步带来的能源节约。[2] 情景 3 中，2025 年能源消费碳排放量将上升至 1694547.8 万吨，比对照组当前情景的 1347130.25 万吨增加 347417.55 万吨，增幅为 25.79%。观察能源消费碳排放量增长率可知，各情景的能源消费碳排放量增速逐渐放缓，但总量仍在提升，预计 2030 年前后将迎来碳排放峰值。

8.5.2　技术创新情景

在 21 世纪初期，政府就制定了《国家中长期科学和技术发展规划纲要（2006—2020 年）》，并正式提出必须把提高自主创新能力作为国家发展战略，建设创新型国家。党的十九大再次明确要把技术创新作为经济增长点，使其成为国家战略布局的中心。本书通过改变技术研发支出来实现技术创新情景的仿真模拟，为此设计了情景 4、情景 5、情景 6 三种情景。

情景 4：技术研发支出提升 5%。

情景 5：技术研发支出提升 10%。

情景 6：技术研发支出提升 15%。

上文的仿真结果表明，生产性服务业和制造业的发展均离不开能源消耗，能源消耗产生的碳排放正不断透支着环境承载力。技术

---

① 艾明晔、刘桂希、孙薇：《中国石化行业能耗为何持续增加？——回弹效应及要素替代视角》，《北京理工大学学报》（社会科学版）2017 年第 5 期。

② 陈洪涛、岳书敬、朱雨婷：《中国城市居民电量消费存在回弹效应吗?》，《中国矿业大学学报》（社会科学版）2019 年第 4 期。

研发支出的增加能够促进科技进步和技术创新，从而缓解或从根本上解决环境污染等问题。图 8-14 和图 8-15 显示了技术研发支出对能源消费总量、能源消费碳排放量的影响。考虑到技术研发支出的增加也会提升生产性服务业和制造业的竞争力及产品的附加值，故同时观察两部门产业增加值的变化。

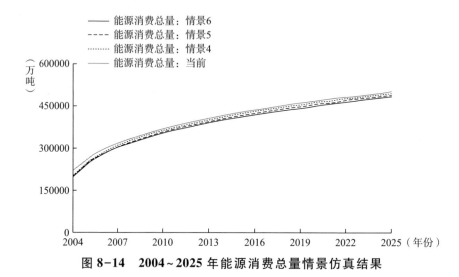

图 8-14　2004~2025 年能源消费总量情景仿真结果

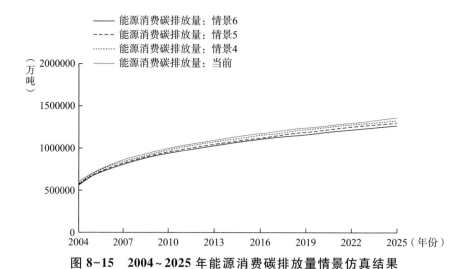

图 8-15　2004~2025 年能源消费碳排放量情景仿真结果

观察图 8-14 和图 8-15 可知，技术研发支出对能源消费和碳排放具有显著的抑制作用。2025 年能源消费总量从对照组当前情景的500790.77 万吨下降至情景 6 的 481310.01 万吨，降幅为 3.89%。2025 年能源消费碳排放量从对照组当前情景的 1347130.25 万吨下降至情景 6 的 1263743.89 万吨，降幅为 6.19%。由变量的变化率可知，技术研发支出通过优化能源结构对碳排放产生的抑制作用并不显著，提高能源利用率，尤其是利用以煤燃烧和煤转化洁净技术为主的相关手段，是实现节能减排的主要途径。

图 8-16 和图 8-17 反映了研发支出对生产性服务业和制造业增加值的影响。通过观察可知，2025 年生产性服务业增加值从对照组当前情景的 532184.36 亿元上升至情景 6 的 570144.68 亿元，涨幅为7.13%。制造业增加值则从对照组当前情景的 358586.84 亿元下降至情景 6 的 325130.68 亿元，降幅为 9.33%。制造业增加值下降的原因有以下几个。①制造业技术进步与就业增长之间存在非一致性关系。制造业作为我国经济发展的支柱性产业，是吸纳我国劳动力人口的重要部门之一。随着高新技术的发展和先进仪器设备的引进，技术创新的破坏效应缩短了劳动力的工作周期，减少了工作岗位，抑制了就业的增长。虽然技术创新提高了生产率，降低了产品价格，引起了产出增加，扩大了劳动力需求，但伴随着老龄化趋势的加剧，技术进步在引进更高质量的生产要素后，易造成对制造业劳动力的替代，导致劳动力密集型行业中大量低技能劳动力闲置。②我国制造业依靠低成本、高耗能、高排放推动经济发展的模式已经走到尽头，人力成本增加已成为不争的事实，制造业人均工资的年均增长率为 15%，产品的生产成本提升了 13%～30%，加之产能过剩和品牌缺乏国际影响力一直是制造业企业悬而未决的难点问题，促使技术进步无法有效带动制造业增加值增长。

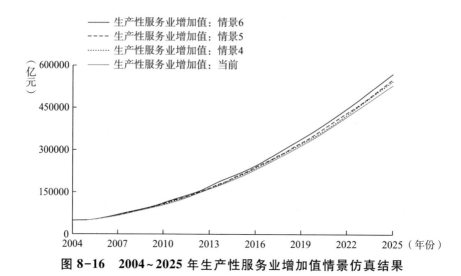

图 8-16　2004～2025 年生产性服务业增加值情景仿真结果

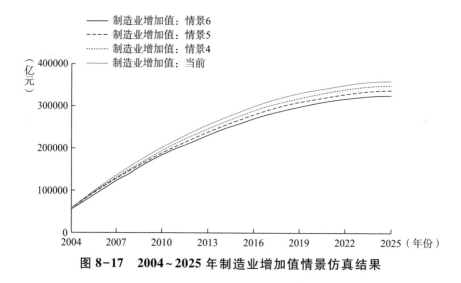

图 8-17　2004～2025 年制造业增加值情景仿真结果

8.5.3　政府投资情景

投资作为"三驾马车"之一，在经济发展过程中处于举足轻重的地位，就固定资产投资和经济增长的相关性，已有不少学者进行了证实，认为固定资产投资对经济增长存在正向驱动。[①] 理论上，固定资产投资的增加可以使整个社会生产规模扩大，从而导致产出增加，引起劳动力需求的增长。我国的固定资产投资占 GDP 的比重从 1980 年的 30%，上升至 2017 年的 45%，表明固定资产投资与经济发展有很大的相关性。正是持续增加的固定资产投资，使得中国经济在改革开放后得以高速发展。但 2017 年以来固定资产投资增长速度开始逐渐下降，除六大高耗能行业外，包含在生产性服务业内的批发零售业和金融业也出现了连续数年的下降。故本书通过改变固定资产投资来实现政府投资情景的仿真模拟，为此设计了情景 7、情景 8、情景 9 三种情景。

情景 7：固定资产投资提升 5%。

情景 8：固定资产投资提升 10%。

情景 9：固定资产投资提升 15%。

由图 8-18 和图 8-19 可知，固定资产投资增加对生产性服务业

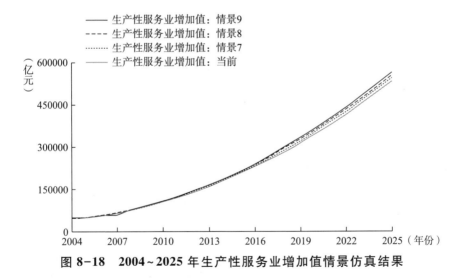

图 8-18　2004~2025 年生产性服务业增加值情景仿真结果

---

① 曾兆祥、朱玉林：《我国固定资产投资对经济发展影响的区域性差异——基于省级面板数据》，《经济数学》2019 年第 4 期。

增加值存在正向作用，对制造业增加值则存在负向作用。在 2025
年，生产性服务业增加值由当前情景的 532184.36 亿元增长至情景 9
的 563476.80 亿元，增幅达到了 5.88%。制造业增加值则由当前情景
的 358586.84 亿元下降至情景 9 的 334669.09 亿元，降幅为 6.67%。

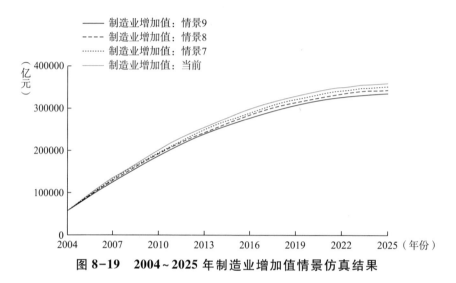

图 8-19 2004~2025 年制造业增加值情景仿真结果

制造业增加值减少的原因可能有以下几个。①投资对经济增长
的边际效应递减。受国际金融危机的影响，我国外贸出口长期处于
低迷状态，制造业产能过剩的矛盾越发凸显，产业投资回报率显著
下降。为应对经济下行的压力，我国实施了投资政策，加大了基础
设施、基本公共服务、生态环保等领域的投资力度，但是此类投资
具有重社会效应、轻经济效应的特征，加之重复投资、重复建设的
现象在某种程度上依然存在，造成社会资源的浪费。②运营成本不
断提升。劳动力成本随着投资的增加持续攀升，生产资料价格相继
上涨，压缩了制造业企业的盈利空间。③财政风险，尤其是地方政
府债务风险不断增加，在保持财政稳固的政策背景下，政府直接投
资撬动基建投资的能力受到了制约。

通过图 8-20 和图 8-21 可知，固定资产投资增加对能源消费总

量和能源消费碳排放量有一定的负向作用。2025 年，能源消费总量
从对照组当前情景的 500790.77 万吨下降至情景 9 的 491626.30 万吨，
跌幅为 1.83%。能源消费碳排放量从对照组当前情景的 1347130.25 万
吨下降至情景 9 的 1307928.76 万吨，跌幅为 2.91%。

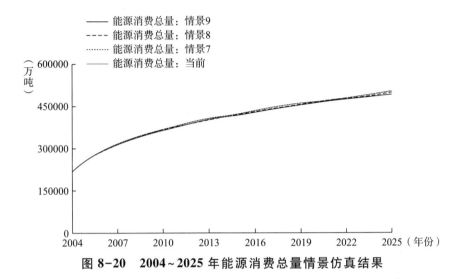

图 8-20　2004~2025 年能源消费总量情景仿真结果

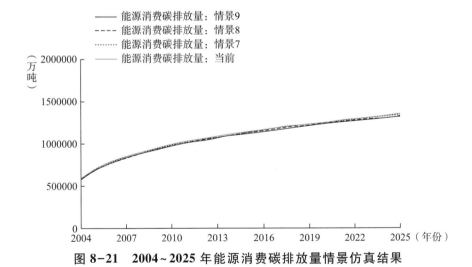

图 8-21　2004~2025 年能源消费碳排放量情景仿真结果

8.6 不同情景下的仿真结果对比

本书运用 Vensim 软件对设定的三种情境下的 9 种情景政策进行了仿真模拟，设定模拟时间为 2004～2025 年，仿真步长为 1 年，通过观察 9 种情景政策下的生产性服务业与制造业绿色协同演化的情况，以当前情景作为对照组，对比分析了不同类型环境对生产性服务业和制造业的影响（见表 8-2）。

表 8-2 主要输出变量预测值和变化率

政策分类	仿真情景	生产性服务业增加值（亿元）	制造业增加值（亿元）	能源消费总量（万吨）	能源消费碳排放量（万吨）
	当前情景	532184.36	358586.84	500790.77	1347130.25
经济激励	情景 1	552567.02（3.83%）	390321.78（8.85%）	515413.86（2.92%）	1443180.64（7.13%）
	情景 2	584831.44（9.89%）	437621.44（22.04%）	538199.84（7.47%）	1576142.39（17.00%）
	情景 3	614383.00（15.45%）	472668.20（31.81%）	556879.34（11.20%）	1694547.8（25.79%）
技术创新	情景 4	538688.16（1.22%）	348833.28（-2.72%）	495833.02（-0.99%）	1322208.35（-1.85%）
	情景 5	550917.24（3.52%）	336282.73（-6.22%）	487369.58（-2.68%）	1291628.48（-4.12%）
	情景 6	570144.68（7.13%）	325130.68（-9.33%）	481310.01（-3.89%）	1263743.89（-6.19%）
政府投资	情景 7	539794.60（1.43%）	351952.98（-1.85%）	498987.93（-0.36%）	1337161.49（-0.74%）
	情景 8	553045.98（3.92%）	342665.58（-4.44%）	494681.12（-1.22%）	1320995.92（-1.94%）
	情景 9	563476.80（5.88%）	334669.09（-6.67%）	491626.30（-1.83%）	1307928.76（-2.91%）

在经济激励情景中，随着国内生产总值增长率的持续攀升，经济得以快速发展，同时生产性服务业和制造业增加值持续增长，且不难发现两个行业增加值的增速越来越快，同时，能源消耗量也在持续增长，增速也持续加快，这说明我国生产性服务业和制造业的发展始终是以能源消耗为基础的。随着碳排放量的递增，一味地刺激经济增长并不能实现以低碳经济为导向的绿色协同发展。

在技术创新的情景中，技术研发支出的逐渐增加，表明国家对企业创新的支持越来越强，但考虑到目前我国制造业存在产能过剩、人力成本较高、品牌国际竞争力低等问题，加大技术创新短时间只能提升劳动力密集型行业的运行成本，降低行业产出。但随着技术研发支出的逐渐增加，以软件信息技术服务业、金融业为主的生产性服务业得以快速发展，节能减排也取得了一定的成效。科学技术的进步在一定程度上促进了生产性服务业产出的增加，且相对于目前的发展模式，两行业的能源消耗量有所降低，环境污染问题也得到了一定改善，但能源消耗量仍在逐年递增。随着能源不断减少，科学技术的替代作用会逐渐减弱，最终行业增加值会停止增长。所以依靠科技进步，虽然能在一定程度上缓解环境污染问题，但是终究无法替代能源消耗，只有提高能源利用效率，优化能源消费结构，大力发展可再生绿色能源，才能在不突破环境承载力的情况下实现经济发展。

在政府投资情景中，政府加大固定资产投资力度，可能会提高企业的运行成本，同时抑制企业的发展。随着固定资产投资的增加，制造业增加值逐渐减少，能源消耗量和碳排放量随即减少。这说明增加制造业固定资产投资虽然会增加企业运行成本，但对绿色低碳发展具有一定的促进作用。政府在加大固定资产投资力度的过程中，仍需以加强生态保护、增强公共服务能力、提升人力资本水平为中心，逐步推动贯彻落实促进地方政府投资的系列政策措施，切实减轻经济税务负担,营造良好的营商环境。同时,强化地方政府的财政承受能力,论证10%红线的硬性约束,并建立财政支出责任统计检测体系。

8.7 本章小结

本章在构建生产性服务业与制造业绿色协同发展系统动力学模型的基础上,结合我国实际情况,构建了经济激励、技术创新、政府投资三种政策情景进行仿真分析,得到的主要结论有以下几个。

第一,根据仿真预测结果可知,2025年我国GDP预计将达到141.05万亿元,其中生产性服务业和制造业增加值将分别达到53.21万亿元和35.85万亿元,其产业结构比重也将分别达到53.39%和18.02%。随着国内生产总值的增加,能源消费总量将达到50.07亿吨,能源消费碳排放量于2011年超过100亿吨后,将于2025年达到134.71亿吨,虽然增长速度有所放缓,但碳排放峰值仍未出现。

第二,在经济激励情景中,考虑到资源禀赋、能源价格体系、技术回弹效应等问题的存在,国内生产总值增长率提升虽然带动了能源效率和科技水平的提升,但能源消费总量和能源消费碳排放量持续增加。在技术创新情景中,技术研发支出增加对生产性服务业增加值增加起到了正向作用,对制造业增加值增加则起到了负向作用。这一现象产生的原因可能是,制造业技术进步与就业增长之间存在非一致性关系,且劳动力成本也在逐年攀升。在政府投资情景中,固定资产投资的增加对制造业增加值的增加也起到了负向作用。可能的原因是,地方政府债务风险加剧,投资能力受到制约,且投资回报率显著下滑。

第9章　结论与建议

9.1　研究结论

本书针对新发展理念中的"绿色""协调"，从绿色协同发展的角度来分析生产性服务业与制造业的演化。从社会化分工、价值链提升等方面入手来探讨生产性服务业与制造业的关系，引入绿色全要素生产率概念，对生产性服务业与制造业的协同演化机制进行研究。本书的研究结论有如下几个。

9.1.1　我国生产性服务业与制造业绿色发展现状

由于我国产业结构演进规律的特殊性，生产性服务业的发展起步较晚，在社会化分工日益深化时，生产性服务业与制造业的协同发展日益得到重视。运用 SBM-GML 模型对生产性服务业与制造业的绿色全要素生产率进行测算可以发现，我国生产性服务业与制造业的绿色全要素生产率数值均大于1，均处于相对有效率的状态，但是生产性服务业的效率水平要整体高于制造业，二者也都存在区域发展不平衡的特征。从区域绿色全要素生产率数值对比上来看，生产性服务业与制造业的绿色全要素生产率区域差异较为明显。从区域特征上看，东部沿海发达地区的制造业绿色全要素生产率多处于无效率状态，北方省份的制造业绿色全要素生产率数值较高，生产

183

性服务业绿色全要素生产率较高的省份多位于中西部地区，东部沿海发达地区也处于相对有效率的状态。

9.1.2 我国生产性服务业与制造业绿色发展影响因素

根据 2004~2017 年我国生产性服务业与制造业碳排放效率计算结果发现，二者的碳排放效率都不高，其中制造业的绿色发展潜力远高于生产性服务业，生产性服务业与制造业可分别减排 709.47×10^6 t、6348.60×10^6 t。而且，生产性服务业在东部、中部、西部三个地区的减排潜力差距巨大，中部地区的绿色发展潜力最大。进一步对生产性服务业与制造业碳排放的影响因素进行分析发现，生产性服务业与制造业的绿色发展存在显著的空间相关性，且具有路径依赖特征，行业异质性使得经济发展水平、人力资本、产业结构、城镇化水平、能源结构、环境规制对生产性服务业和制造业的碳排放的影响存在较大差异。

9.1.3 我国生产性服务业与制造业的产业结构层级特征

对生产性服务业与制造业各产业部门的投入产出关系进行梳理，基于复杂系统的层级关系特征，运用投入产出表构建了复杂系统层级结构体系，对生产性服务业与制造业之间的投入产出关联特征进行剖析，确立了我国生产性服务业与制造业的层级结构体系。

9.1.4 生产性服务业与制造业协同演化机制

生产性服务业是国民经济的连接纽带，根据共生理论的研究，生产性服务业与制造业之间存在互惠共生的关系。根据投入产出表和产业关联关系理论得出，制造业和生产性服务业的影响力和感应度系数均大于 1，说明二者之间具有正向关联关系，进一步验证了生产性服务业与制造业之间存在互惠共生关系。同时，制造业的影响力系数和感应度系数均大于生产性服务业，说明制造业对生产性服务业的影响较大，因此制造业和生产性服务业之间是非对称性互惠共生关系，且制造业在这种共生关系中获利更多。

9.1.5　生产性服务业与制造业的绿色协同演化关系

从产业的发展特征来看，生产性服务业与制造业均是具有自组织特征的系统，本书以绿色全要素生产率为解释变量，将生产性服务业和制造业看作一个整体系统的两个子系统，运用哈肯模型，对生产性服务业的绿色全要素生产率、制造业的绿色全要素生产率、经济发展水平进行两两分析，确定了经济发展水平是生产性服务业与制造业复杂系统的序参量。而且，研究发现，当生产性服务业与制造业复杂系统接近其演化极限时，技术进步、经济增长等因素变化使复杂系统在新的势函数下运行，复杂系统向更高层次演化。

9.1.6　生产性服务业与制造业的绿色协同仿真研究

根据仿真预测结果可知，到 2025 年，生产性服务业与制造业绿色发展的碳排放峰值仍未出现，但产业发展的速度已经有所放缓。本书设置了不同的发展情景，研究生产性服务业与制造业绿色协同发展的效应。在经济激励情景中，考虑到资源禀赋、能源价格体系、技术回弹效应等问题的存在，国内生产总值增长率提升虽然能带动能源效率和科技水平的提升，但能源消费总量和能源消费碳排放量持续增加。在技术创新情景中，技术研发支出增加对生产性服务业增加值增加起到了正向作用，对制造业增加值增加则起到了负向作用。这一现象产生的原因可能是，制造业技术进步与就业增长之间存在非一致性关系，且劳动力成本也在逐年攀升。在政府投资情景中，固定资产投资的增加对制造业增加值增加也起到了负向作用。可能的原因是，地方政府债务风险加剧，投资能力受到制约，且投资回报率显著下滑。

9.2 政策建议

9.2.1 提高生产性服务业与制造业绿色全要素生产效能

（1）充分发挥政府主导作用，提高自主创新意识

环境问题具有地区差异性、不可逆性、无法预知性，寄希望于单纯的市场调节、单一的法规制度建设和消极的"逐底竞争"等方式解决，会带来无法预料的风险和隐患。为使能源、经济、环境子系统协调发展，需要多管齐下，从能源、经济、生活等多个领域的源头入手，由政府主导分层级、分区域建立以碳排放效率为中心的多产业目标管理机制，提高绿色全要素生产率。

在"十四五"时期，要研究实行以低能源强度、低排放强度、高质量发展指标为核心的产业准入政策，对自主创新能力强、科技水平高的企业实行优惠政策，对优秀企业给予物质和精神奖励，有的放矢地实现环境质量的提升，充分发挥环境规制对生产性服务业集聚的激励优势。对目前广泛实施的制造业重点产品能耗限额标准，及时根据技术进步的情况予以更新，围绕碳排放效率的目标管理机制，制定更为严格的限额与环保标准，逐步建立产业准入负面清单制度，严格控制低效率、高能耗、高污染、高排放产业发展，加大环境管制力度与投资力度，从而降低碳排放强度，合理回收和处理企业排放物。

除制度引导外，适度的宣传教育等，有利于解决企业环保意识淡薄和创新积极性不高的问题，增强企业的自主创新意识。同时，政府应主导建立绿色创新技术共享系统，提升新技术的普及度，提升科技创新资源的配置和使用效率，在全社会培育环保意识，推动

绿色创新。

（2）重视行业技术创新能力提升

经济新常态下，产业结构转型既需要生产性服务业与制造业的协同发展，也需要朝着低碳、绿色、创新、高效的方向开拓，在实现产业结构合理化的同时，进一步促进产业结构高级化，这就需要重视行业技术创新能力的提升。

企业应主动向高端化方向发展，重视技术创新。一方面，积极进行绿色低碳转型，引进高素质人才和资本，在研发新技术的同时，加强与其他企业、高校、政府的交流合作，加强产学研结合，积极引进具有比较优势的高效、节能、环保技术，通过实现合作共赢，将停留在实验室的科研创新转化为企业生产力。另一方面，主动转变经营模式，合理配置资源，对现有落后产业和生产技术主动进行改造升级，淘汰低附加值落后产能，提升企业科研创新能力和绿色全要素生产率，在有限的资源和最少的污染的基础上实现产出最大化，以实现低能耗、少污染、高效率。

发挥行业龙头企业引领作用，通过总结优秀案例或树立典型，有效带动其他企业主动增加绿色、低碳生产要素，不仅有利于优化制造业的产业结构，加快传统制造业从末端治理向源头减量转变，更有利于加快生产性服务业与制造业的互动融合，并发挥产业集聚的规模经济、环境规制的节能减排效应，促进传统制造业转型升级，最终实现制造业的高质量发展。

（3）注重人才培养，提升社会劳动生产率

增强科技人员的自主创新意识和绿色创新能力，储备技术创新人才，促进创新意识转化为创新能力，为制造业科研创新提供高素质人才。围绕人才强国战略，整合科技资源，加强知识产权保护，不断加大教育投入力度，通过推进以高层次、高技术人才为主的人才队伍建设，培养出一批具有自主创新能力、科学管理能力的领军人物。根据经济和产业结构的现状及发展趋势，以科学合理的收入分配制度和完善的社会保障体系为抓手，合理培养人才，优化人力资源配置，提升地区间人力资本流动性和协调性，建立科学合理的分工体系，实现人力资本配置效率最大化。

9.2.2 提升生产性服务业与制造业协同发展水平

（1）提升产业集聚优势

生产性服务业与制造业的协同在区域层面上更多体现为产业集聚协同。因此，促进产业集聚是提升生产性服务业与制造业协同发展水平的重要路径。

一方面，基于生产性服务业与制造业的产业关联关系，合理规划产业发展方向，出台产业激励政策，吸引符合区域产业发展定位的产业部门落户，提升区域生产性服务业与制造业集聚水平。生产性服务业与制造业的协同发展，使专业化分工与差异化优势融合，能够有效促进技术进步、支撑产业结构转型升级和行业创新。

交易成本、要素成本对两个产业的影响不同，生产性服务业倾向于向人口密集的中心区域聚集，制造业倾向于向交易成本低的周边工业园区聚集。政府部门可通过财政税收、区域招商等政策，积极探索新型政企协作机制，通过平台型项目建立聚集型合作平台，积极引导两个行业以区域聚集为载体，拓展产业融合发展新空间。

另一方面，强化产业集聚区建设，合理布局城市产业，强化产业价值链协同，减少生产性服务业与制造业之间的交易成本，优化产业结构，重视制造业与生产性服务业的配套关系，避免过度向生产性服务业或者制造业的一方倾斜。同时，在产业结构高端化和绿色化上，考虑区域资源配置的合理化，提升绿色协同水平。

（2）提高生产性服务业的专业化程度

生产性服务业的专业化程度有待提升，目前满足不了制造业在技术创新上的需要。生产性服务业的制造业匹配能力，将成为制造业向高端化方向发展的助推器，有助于制造业技术效率的提高和技术进步。

生产性服务业的服务水平提升离不开政策支持，政府可给予其税费优惠或是相应的补贴，充分发挥增值税改革的减税效应和分工深化效应，建立特色鲜明、集聚效应高的生产性服务业集聚区。生产性服务业专业化有利于降低运营成本，加强其与制造业的融合互动，使两个产业在融合互动中不断发展。鼓励制造业企业在价值链分工上向研发、营销、物流、信息流和资金流等延伸，集中力量发展核心业务，通过深化行业分工、降低经营成本，推动生产性服务环节的剥离，整合不同类型的生产性服务业企业协同发展，提升生产性服务业对制造业的反向推动作用。

（3）加强生产性服务业与制造业的融合互动

目前，我国生产性服务业与制造业之间存在融合互动的态势，但协同发展程度不高，特别是生产性服务业的拉动作用没有得到充分发挥，积极推进制造业与生产性服务业的深度融合，有利于促进生产性服务业与制造业良性互动，推动经济发展方式转变和产业结构优化升级，提升产业专业化水平和企业竞争力。

从政府层面进行引导，打破地域分割、行业垄断和市场壁垒，强化生产性服务业与制造业协同发展的顶层设计，深化供给侧结构性改革，推进生产性服务业向市场化方向发展，以市场需求与行业发展方向为主导，推进生产性服务业发展。

促进生产性服务业服务功能的丰富与区域空间集聚，有助于其与制造业的深度融合互动。生产性服务业多是提供单一节点或环节的服务，较少提供完整的服务流程，所以制造业的体系化需求并不能由某一生产性服务商全流程对接，生产性服务资源没有得到充分利用。以产需互为导向，由点对点向点对面转变，推动以服务为主导的反向制造、反向整合，鼓励服务业开展批量定制服务，推动生产制造关键环节组织调整和柔性化改造，有助于充分发挥生产性服务业的产业服务功能。同时，鼓励制造业优化供应链管理，推进信息化与工业化深度融合，提高制造业智能化水平，发挥产业间的交互提升作用。

9.2.3　推进供给侧结构性改革，大力发展高端制造业

我国中低端制造业去产能进程和智能化转型缓慢，与之相配套的生产性服务业也不发达，想要改变以能源消耗为代价的发展模式，需充分利用两大产业的差异化优势、生产性服务业高产品附加值和低污染的竞争优势，加快推动企业向绿色化转型，推动产业新生态的形成与制造业的升级改造。政府需加强顶层设计和统计决策制度建设，从供给侧结构性改革入手，加快新一代信息技术与制造业的深度融合，统筹生产性服务业聚集对制造业发展的促进作用，全面综合考虑各地区生产条件，促进周边地区生产性服务业与制造业协同联动，提高市场需求和要素供给的匹配程度，提高能源利用率，优化产业空间布局。

在东部发达地区，生产性服务业应以重点制造业为中心，整合人才、资本、技术等生产要素，充分利用区位优势，以先进技术与理念为指导，提高科技创新效率和市场转化率，搭建网络信息和大数据技术的相关平台，引导产业向价值链高端跃升，通过集约化、规模化的生产模式，打造融合度较高的生产性服务业功能聚集区，合理利用有效聚集进一步降低碳排放。地方政府应根据区域要素比较优势，充分考虑当地制造业的发展需求、发展潜力、技术实力和转型升级状况，因地制宜地发展与当地经济状况相匹配的生产性服务业，加强与互补性、关联性较强的制造业的交流协作，推动形成优势互补、上下游紧密合作的良性产业链条，从单一产业集聚向产业

链集聚转变。

在中西部欠发达地区，应加大政策扶持力度，避免走"先污染后治理"的老路，充分发挥政策、资源、劳动力方面的比较优势，加强基础设施建设，扩大网络覆盖范围，增加研发投入，增强人才储备等软实力，积极承接东部地区服务外包项目，吸引行业龙头企业和专业化人才一并分流汇集，科学规划集聚区发展，全面加强产业园建设，打造利于技术创新和知识外溢的产业集聚新环境，培育专业性更强、与当地制造业融合度更高的生产性服务业。

9.3　创新之处

9.3.1　以绿色发展视角衡量生产性服务业与制造业的协同演化

本书着眼于新发展理念中的"绿色""协调"，改变以往单纯研究生产性服务业绿色全要素生产率、制造业绿色全要素生产率或者生产性服务业与制造业融合发展问题的思路，将绿色发展理论与生产性服务业、制造业的协同演化问题相结合，强调生产性服务业与制造业协同发展中的绿色约束，从而探索生产性服务业与制造业绿色协同演化的机制与趋势，突破单纯从产业集聚效应、产业关联关系来研究生产性服务业与制造业关系的框架，是对生产性服务业与制造业协同发展观的新探索。

9.3.2　对生产性服务业与制造业的绿色发展潜力进行了动态评估与影响因素分析

基于行业异质性，以碳排放为非期望产出，在运用 SBM-GML 模型对生产性服务业与制造业绿色全要素生产率进行测度和比较分析的基础上，运用超效率 SBM 模型和空间计量模型，对生产性服务业与制造业的绿色发展潜力进行了动态评估，确定了二者在绿色发展潜力上的空间差异，并进一步确定了不同因素对其减排潜力影响的行业差异性。

9.3.3 探索了生产性服务业与制造业绿色协同演化机理与规律

将耗散结构理论、共生理论、自组织理论的理论机理与投入产出法、生产函数法等实证分析方法相结合，构建了生产性服务业与制造业协同演化的共生模型，探讨了生产性服务业与制造业的共生模式，并结合投入产出法所测算的生产性服务业与制造业的产业关联关系进行了实证分析。在此基础上，进一步引入自组织理论与哈肯模型，通过分析绿色全要素生产率的演化，确定了生产性服务业与制造业协同演化的趋势与规律。

9.3.4 运用系统动力学和情景模拟方法对生产性服务业与制造业绿色协同发展进行了系统仿真分析

构建了生产性服务业与制造业绿色协同发展的系统动力学模型，引入了经济、人口、资源和环境四个子系统，设置了经济激励、技术创新和政府投资三类共 9 种政策情景，对不同情景下生产性服务业与制造业的绿色发展状况进行了预测，确立了不同情景下的政策效果。

9.4 研究展望

第一，本书仅对生产性服务业与制造业的绿色协同发展机理、产业关联关系和绿色协同发展路径等进行了研究，并未进一步对生产性服务业与制造业绿色协同发展在产业集聚、区域技术创新和经济发展等方面的效应进行区分，未涉及微观层面的研究。笔者将在下一步的研究中，从结构红利、价值链增值、产业集聚、技术溢出等方面对生产性服务业与制造业的绿色协同发展效应做进一步的深入剖析。

第二，受时间和精力所限，本书在系统动力学仿真和政策模拟中仅针对单一政策变动情景进行了分析和预测，未能对三类政策同时变动对生产性服务业与制造业的绿色协同发展的影响进行评估和预测。从现实情况来看，综合情景的模拟可能更具实际借鉴意义和价值。在未来的进一步研究中，笔者拟对现有系统动力学模型进行完善，以分析上述多政策综合模拟的效果，并尝试运用 CGE 模型等对政策效果进行预测与仿真。

附录1

生产性服务业产业门类范畴

生产性服务业	交通运输、仓储和邮政业	铁路运输业
		道路运输业
		城市公共交通业
		水上运输业
		航空运输业
		管道运输业
		装卸搬运和其他运输服务业
		仓储业
		邮政业
	信息传输、计算机服务和软件业	电信和其他信息传输服务业
		计算机服务业
		软件业
	金融业	银行业
		证券业
		保险业
		其他金融活动
	房地产业	房地产业
	租赁和商务服务业	租赁业
		商务服务业

续表

生产性服务业	科学研究、技术服务和地质勘查业	研究与试验发展
		专业技术服务业
		科技交流和推广服务业
		地质勘查业
	教育	教育
	文化、体育和娱乐业	新闻出版业
		广播、电视、电影和音像业
		文化艺术业
		体育
		娱乐业

附录 2

制造业产业门类范畴

制造业	农副食品加工业
	食品制造业
	饮料制造业
	烟草制品业
	纺织业
	纺织服装、鞋、帽制造业
	皮革、毛皮、羽毛（绒）及其制品业
	木材加工及木、竹、藤、棕、草制品业
	家具制造业
	造纸及纸制品业
	印刷业和记录媒介的复制
	文献体育用品制造业
	石油加工、炼焦及核燃料加工业
	化学原料及化学制品制造业
	医药制造业
	化学纤维制造业
	橡胶制品业
	塑料制品业
	非金属矿物制品业
	黑色金属冶炼及压延加工业

续表

	有色金属冶炼及压延加工业
	金属制品业
	通用设备制造业
	专用设备制造业
制造业	交通运输设备制造业
	电气机械及器材制造业
	通信设备、计算机及其他电子设备制造业
	仪器仪表及文化、办公用机械制造业
	工艺品及其他制造业
	废弃资源和废旧材料回收加工业

附录 3

制造业分省份绿色全要素生产率

年份	省份	ML （Malmquist 指数）	EC 技术效率指数	TC 技术进步指数	绿色全要素 生产率
2004	安徽	1	1	1	1
2005	安徽	0.871356	1.077836	0.808431	0.871356
2006	安徽	0.847415	1.081463	0.783582	0.7384
2007	安徽	0.926374	1.434113	0.645956	0.684035
2008	安徽	1.10249	0.998976	1.10362	0.754141
2009	安徽	0.985065	0.896744	1.09849	0.742878
2010	安徽	1.077477	0.186119	5.789184	0.800434
2011	安徽	1.156502	6.266048	0.184566	0.925704
2012	安徽	1.021335	0.923914	1.105444	0.945454
2013	安徽	0.96085	1.283267	0.748753	0.908439
2014	安徽	1.007984	1.001527	1.006447	0.915692
2015	安徽	0.929245	0.942928	0.985489	0.850902
2016	安徽	1.01311	0.96867	1.045878	0.862058
2017	安徽	1.058454	0.989303	1.069899	0.912448
	安徽	0.9969755	1.360779143	1.241124214	0.850853
2004	北京	1	1	1	1
2005	北京	1.059629	1.532686	0.691354	1.059629
2006	北京	1.194863	1	1.194863	1.266111
2007	北京	1.017596	1	1.017596	1.28839

续表

年份	省份	*ML*（Malmquist 指数）	*EC*技术效率指数	*TC*技术进步指数	绿色全要素生产率
2008	北京	1.291773	1	1.291773	1.664307
2009	北京	1.037651	1	1.037651	1.72697
2010	北京	0.835727	0.183013	4.566488	1.443276
2011	北京	0.803229	5.464093	0.147001	1.159281
2012	北京	1.383714	1	1.383714	1.604113
2013	北京	1.100743	1	1.100743	1.765716
2014	北京	1.471176	1	1.471176	2.597679
2015	北京	0.944141	1	0.944141	2.452576
2016	北京	1.122972	1	1.122972	2.754174
2017	北京	2.863359	1	2.863359	2.88619
	北京	1.223326643	1.298556571	1.416630786	2.119172
2004	福建	1	1	1	1
2005	福建	0.929724	0.624229	1.489396	0.929724
2006	福建	0.924817	1.010708	0.915019	0.859825
2007	福建	0.854391	1.463504	0.583798	0.734626
2008	福建	0.99216	0.707076	1.403187	0.728867
2009	福建	0.996404	1.190797	0.836754	0.726246
2010	福建	1.034516	0.169744	6.094554	0.751313
2011	福建	0.958163	4.420578	0.216751	0.71988
2012	福建	0.983185	1.152095	0.853389	0.707776
2013	福建	1.016505	0.986696	1.03021	0.719457
2014	福建	1.028491	0.941454	1.092449	0.739955
2015	福建	0.955366	0.96033	0.994831	0.706928
2016	福建	1.020093	0.982444	1.038321	0.721133
2017	福建	1.043768	0.954463	1.093566	0.752695
	福建	0.981255929	1.183151286	1.3315875	0.771316

年份	省份	ML（Malmquist 指数）	EC 技术效率指数	TC 技术进步指数	绿色全要素生产率
2004	甘肃	1	1	1	1
2005	甘肃	1.184537	1.087643	1.089086	1.184537
2006	甘肃	1.142923	1.161086	0.984357	1.353835
2007	甘肃	1.084895	1.515771	0.715738	1.468768
2008	甘肃	0.981315	0.823999	1.190918	1.441324
2009	甘肃	0.857879	0.71684	1.196751	1.236482
2010	甘肃	1.042298	0.373996	2.78692	1.288783
2011	甘肃	0.929278	3.904888	0.237978	1.197637
2012	甘肃	0.988348	0.633808	1.559381	1.183683
2013	甘肃	0.928322	1.364287	0.680445	1.098839
2014	甘肃	0.950054	0.991885	0.957827	1.043956
2015	甘肃	0.825832	0.81693	1.010897	0.862132
2016	甘肃	0.960149	1.017563	0.943578	0.827775
2017	甘肃	1.624331	1.124451	1.444556	1.344581
	甘肃	1.035725786	1.180939071	1.128459429	1.180881
2004	广东	1	1	1	1
2005	广东	0.737413	1	0.737413	0.737413
2006	广东	1.046522	1	1.046522	0.771719
2007	广东	1.048757	1	1.048757	0.809346
2008	广东	0.682649	1	0.682649	0.552499
2009	广东	1.46163	1	1.46163	0.807549
2010	广东	15.811714	1	15.811714	12.76874
2011	广东	0.074351	1	0.074351	0.949368
2012	广东	0.988003	0.603377	1.637455	0.937979
2013	广东	0.917835	0.666701	1.376681	0.86091
2014	广东	1.022821	0.907924	1.12655	0.880556

年份	省份	ML（Malmquist 指数）	EC 技术效率指数	TC 技术进步指数	绿色全要素生产率
2015	广东	3.352792	1.558698	2.151021	2.952323
2016	广东	0.300574	0.60563	0.4963	0.887391
2017	广东	1.043069	0.914506	1.140581	0.92561
	广东	2.106295	0.946916857	2.127973143	1.845814
2004	广西	1	1	1	1
2005	广西	1.00197	1.028776	0.973944	1.00197
2006	广西	1.081079	1.049336	1.03025	1.083209
2007	广西	1.143186	1.460993	0.782472	1.238309
2008	广西	1.119478	0.874839	1.279638	1.38626
2009	广西	0.619286	0.48155	1.286026	0.858491
2010	广西	5.378865	0.74368	7.23277	4.617709
2011	广西	0.406566	2.947273	0.137947	1.877403
2012	广西	1.035876	0.844469	1.22666	1.944757
2013	广西	1.008182	1.157357	0.871107	1.960669
2014	广西	1.068144	1.199949	0.890158	2.094277
2015	广西	1.031961	1.180448	0.874211	2.161212
2016	广西	1.072785	0.986909	1.087015	2.318516
2017	广西	0.840495	0.731407	1.149147	1.948701
	广西	1.271990929	1.120499	1.415810357	1.82082
2004	贵州	1	1	1	1
2005	贵州	1.026678	1.120551	0.916226	1.026678
2006	贵州	1.067758	1.026658	1.040032	1.096244
2007	贵州	1.003744	1.141489	0.879329	1.100348
2008	贵州	2.062258	1.153632	1.787622	2.269201
2009	贵州	0.941139	0.635415	1.481141	2.135634
2010	贵州	1.075029	0.550481	1.952892	2.295868

续表

年份	省份	*ML*（Malmquist 指数）	*EC*技术效率指数	*TC*技术进步指数	绿色全要素生产率
2011	贵州	0.687932	1.690353	0.406976	1.579401
2012	贵州	1.141051	0.966897	1.180116	1.802178
2013	贵州	1.0302	1.367385	0.753409	1.856603
2014	贵州	1.04995	1.453865	0.722179	1.949341
2015	贵州	1.018085	1.356282	0.750644	1.984594
2016	贵州	1.045889	1.036934	1.008637	2.075665
2017	贵州	1.255357	1.379659	0.909904	2.605701
	贵州	1.100362143	1.134257214	1.056364786	1.769818
2004	海南	1	1	1	1
2005	海南	1.129168	1.491394	0.757123	1.129168
2006	海南	1.279616	2.347772	0.545034	1.444901
2007	海南	1.097273	1	1.097273	1.585451
2008	海南	1.00051	1	1.00051	1.58626
2009	海南	0.852584	0.449311	1.897536	1.35242
2010	海南	1.123261	0.083982	13.37499	1.51912
2011	海南	1.068971	10.862422	0.09841	1.623896
2012	海南	0.968637	0.670126	1.445456	1.572965
2013	海南	0.781114	0.917351	0.851489	1.228665
2014	海南	1.303676	1.36491	0.955137	1.601782
2015	海南	0.950709	0.928413	1.024015	1.522828
2016	海南	1.032336	0.980559	1.052803	1.57207
2017	海南	1.112282	0.999334	1.113023	1.748585
	海南	1.050009786	1.721112429	1.872342786	1.463437
2004	河北	1	1	1	1
2005	河北	0.948951	1	0.948951	0.948951
2006	河北	1.109984	1	1.109984	1.05332

年份	省份	ML（Malmquist 指数）	EC 技术效率指数	TC 技术进步指数	绿色全要素生产率
2007	河北	1.127271	1	1.127271	1.187378
2008	河北	0.933401	1	0.933401	1.108299
2009	河北	0.795399	1	0.795399	0.88154
2010	河北	0.91944	0.152397	6.033203	0.810523
2011	河北	1.010845	2.239694	0.451332	0.819313
2012	河北	1.267723	1.06911	1.185774	1.038663
2013	河北	0.877638	0.927146	0.946602	0.91157
2014	河北	0.946225	1.231463	0.768375	0.86255
2015	河北	0.895435	1.031712	0.867911	0.772358
2016	河北	1.04963	1.043503	1.005871	0.81069
2017	河北	1.097391	2.229419	0.492232	0.889643
	河北	0.998523786	1.137460286	1.261879	0.935343
2004	河南	1	1	1	1
2005	河南	0.928801	1.08652	0.85484	0.928801
2006	河南	0.908374	1.061071	0.856091	0.843699
2007	河南	0.835498	1.378152	0.606245	0.704909
2008	河南	1.02614	0.83982	1.221857	0.723335
2009	河南	0.893371	1.096514	0.814737	0.646206
2010	河南	1.076535	0.157739	6.824778	0.695664
2011	河南	1.122462	6.602441	0.170007	0.780856
2012	河南	0.97959	0.934489	1.048264	0.764919
2013	河南	0.963354	0.872594	1.104012	0.736888
2014	河南	0.954366	0.866337	1.10161	0.703261
2015	河南	1.50351	1.477462	1.01763	1.057359
2016	河南	0.682893	0.666981	1.023857	0.722063
2017	河南	1.074737	0.957763	1.122133	0.776028

续表

年份	省份	ML（Malmquist 指数）	EC技术效率指数	TC技术进步指数	绿色全要素生产率
	河南	0.996402214	1.356991643	1.340432929	0.791713
2004	黑龙江	1	1	1	1
2005	黑龙江	1.08357	1	1.08357	1.08357
2006	黑龙江	1.053747	1	1.053747	1.141809
2007	黑龙江	0.838373	1	0.838373	0.957262
2008	黑龙江	1.457475	1	1.457475	1.395185
2009	黑龙江	0.780527	1	0.780527	1.088979
2010	黑龙江	1.447155	1	1.447155	1.575922
2011	黑龙江	1.257744	1	1.257744	1.982106
2012	黑龙江	0.802174	0.608469	1.318347	1.589994
2013	黑龙江	1.643946	1.643468	1.000291	2.613865
2014	黑龙江	0.595066	0.698582	0.851821	1.555422
2015	黑龙江	0.994533	1.431472	0.694762	1.546918
2016	黑龙江	0.707936	0.466576	1.517299	1.095119
2017	黑龙江	0.853279	0.881575	0.967903	0.934442
	黑龙江	1.036823214	0.980724429	1.090643857	1.397185
2004	湖北	1	1	1	1
2005	湖北	1.090965	1.057001	1.032132	1.090965
2006	湖北	1.026921	1.045824	0.981925	1.120335
2007	湖北	1.174655	1.618196	0.725904	1.316007
2008	湖北	1.099542	0.855917	1.284635	1.447005
2009	湖北	1.023107	0.89417	1.144197	1.480441
2010	湖北	1.129794	0.153633	7.353834	1.672593
2011	湖北	1.102295	6.179528	0.178378	1.843691
2012	湖北	1.061276	0.974362	1.089201	1.956665
2013	湖北	0.895957	1.290612	0.69421	1.753088

年份	省份	ML（Malmquist 指数）	EC 技术效率指数	TC 技术进步指数	绿色全要素生产率
2014	湖北	0.994466	0.963461	1.03218	1.743386
2015	湖北	1.06254	1.122237	0.946805	1.852418
2016	湖北	1.071749	1.049943	1.020769	1.985327
2017	湖北	1.062569	0.989829	1.073487	2.109547
	湖北	1.056845429	1.371050929	1.3969755	1.597962
2004	湖南	1	1	1	1
2005	湖南	0.736588	0.509378	1.446053	0.736588
2006	湖南	1.427179	1.869869	0.763251	1.051243
2007	湖南	1.127175	1.502202	0.750348	1.184935
2008	湖南	1.203481	0.998461	1.205337	1.426046
2009	湖南	0.988685	0.785401	1.258828	1.409911
2010	湖南	0.732152	0.101183	7.235913	1.032269
2011	湖南	1.783689	12.018447	0.148413	1.841247
2012	湖南	1.06824	0.870379	1.227327	1.966893
2013	湖南	1.018081	1.559669	0.652754	2.002457
2014	湖南	1.076657	1.824602	0.590078	2.155959
2015	湖南	1.016421	1	1.016421	2.191362
2016	湖南	1.198142	1	1.198142	2.625563
2017	湖南	1.048961	1	1.048961	2.754113
	湖南	1.101817929	1.859970786	1.395844714	1.669899
2004	吉林	1	1	1	1
2005	吉林	1.164016	1.060859	1.097239	1.164016
2006	吉林	1.164143	1.104896	1.053622	1.355081
2007	吉林	1.349202	2.131281	0.633048	1.828278
2008	吉林	1.381303	1	1.381303	2.525406
2009	吉林	0.931414	1	0.931414	2.352199

年份	省份	ML（Malmquist 指数）	EC 技术效率指数	TC 技术进步指数	绿色全要素生产率
2010	吉林	1.293112	1	1.293112	3.041656
2011	吉林	1.350101	1	1.350101	4.106543
2012	吉林	1.122255	1	1.122255	4.608588
2013	吉林	1.091161	1	1.091161	5.028712
2014	吉林	0.356179	0.467447	0.761966	1.791122
2015	吉林	2.807578	2.139279	1.312395	5.028714
2016	吉林	0.429835	0.451914	0.951144	2.161517
2017	吉林	1.117526	1.077286	1.037353	2.415552
	吉林	1.182701786	1.102354429	1.0725795	2.743385
2004	江苏	1	1	1	1
2005	江苏	0.88764	0.880109	1.008557	0.88764
2006	江苏	0.919279	1.095964	0.838786	0.815989
2007	江苏	0.953833	1.310943	0.727593	0.778317
2008	江苏	0.958021	0.712794	1.344036	0.745644
2009	江苏	0.929615	1.102842	0.842926	0.693162
2010	江苏	0.991433	0.145875	6.796463	0.687224
2011	江苏	0.867322	6.122338	0.141665	0.596044
2012	江苏	0.987298	0.867238	1.13844	0.588473
2013	江苏	0.962704	0.814613	1.181794	0.566526
2014	江苏	1.000333	0.901619	1.109485	0.566714
2015	江苏	1.002674	1.003649	0.999029	0.56823
2016	江苏	1.022968	1.002249	1.020673	0.581281
2017	江苏	1.090774	0.978889	1.114297	0.634046
	江苏	0.969563857	1.281365857	1.375981714	0.693521
2004	江西	1	1	1	1
2005	江西	0.961439	1.078942	0.891094	0.961439

年份	省份	ML（Malmquist 指数）	EC 技术效率指数	TC 技术进步指数	绿色全要素生产率
2006	江西	1.001848	1.086271	0.922281	0.963216
2007	江西	0.939889	1.492773	0.629626	0.905316
2008	江西	0.861	0.75179	1.145266	0.779477
2009	江西	0.934416	1.152304	0.810911	0.728356
2010	江西	1.152493	0.121475	9.487482	0.839425
2011	江西	1.127176	8.841021	0.127494	0.94618
2012	江西	0.996141	0.808671	1.231825	0.942528
2013	江西	1.010058	1.012777	0.997315	0.952008
2014	江西	1.013572	0.964751	1.050605	0.964929
2015	江西	0.920102	0.84849	1.084399	0.887833
2016	江西	0.991924	0.977311	1.014952	0.880663
2017	江西	0.850153	0.920918	0.923158	0.748698
	江西	0.982872214	1.504106714	1.522600571	0.892862
2004	辽宁	1	1	1	1
2005	辽宁	0.950215	0.863919	1.099889	0.950215
2006	辽宁	1.204871	1.070196	1.125842	1.144886
2007	辽宁	1.284895	1.55971	0.823804	1.471059
2008	辽宁	1.10235	1.012955	1.088252	1.621622
2009	辽宁	1.004661	0.822077	1.222102	1.62918
2010	辽宁	1.176676	0.927462	1.268705	1.917017
2011	辽宁	1.192919	1.147125	1.039921	2.286846
2012	辽宁	1.084748	1.020806	1.062638	2.480652
2013	辽宁	1.143753	1.399865	0.817045	2.837253
2014	辽宁	1.078151	1.054707	1.022228	3.058987
2015	辽宁	1.038233	1.23695	0.839349	3.175942
2016	辽宁	1.252053	1	1.252053	3.976447

续表

年份	省份	ML（Malmquist 指数）	EC技术效率指数	TC技术进步指数	绿色全要素生产率
2017	辽宁	1.125674	1	1.125674	4.476183
	辽宁	1.117085643	1.079698	1.056250143	2.287592
2004	内蒙古	1	1	1	1
2005	内蒙古	1.157531	2.390707	0.484179	1.157531
2006	内蒙古	1.307982	1	1.307982	1.51403
2007	内蒙古	1.372864	1	1.372864	2.078557
2008	内蒙古	1.338079	1	1.338079	2.781273
2009	内蒙古	1.133083	1	1.133083	3.151414
2010	内蒙古	1.315737	1	1.315737	4.146431
2011	内蒙古	1	1	1	4.146431
2012	内蒙古	1	1	1	4.146431
2013	内蒙古	0.855823	1	0.855823	3.548611
2014	内蒙古	0.884954	1	0.884954	3.140358
2015	内蒙古	1.020883	1	1.020883	3.205938
2016	内蒙古	1.019035	1	1.019035	3.266963
2017	内蒙古	1.066214	1	1.066214	3.483282
	内蒙古	1.105156071	1.099336214	1.0570595	2.911946
2004	宁夏	1	1	1	1
2005	宁夏	1.034527	1.115042	0.927792	1.034527
2006	宁夏	1.051826	1.129965	0.930848	1.088142
2007	宁夏	0.83525	1.075714	0.776461	0.908871
2008	宁夏	1.082586	1.186252	0.91261	0.983931
2009	宁夏	0.976424	0.663639	1.471317	0.960734
2010	宁夏	1.054553	0.305255	3.454659	1.013145
2011	宁夏	1.196804	3.581863	0.334129	1.212536
2012	宁夏	0.857819	0.702574	1.220966	1.040136

年份	省份	ML （Malmquist 指数）	EC 技术效率指数	TC 技术进步指数	绿色全要素 生产率
2013	宁夏	0.952116	1.06154	0.896919	0.99033
2014	宁夏	1.005402	1.150157	0.874144	0.99568
2015	宁夏	0.965588	0.956008	1.01002	0.961417
2016	宁夏	1.041936	1.035419	1.006294	1.001735
2017	宁夏	1.04996	1.026828	1.022528	1.051781
	宁夏	1.007485071	1.142161143	1.131334786	1.017355
2004	青海	1	1	1	1
2005	青海	1.105021	1.147835	0.962701	1.105021
2006	青海	1.168499	0.930605	1.255634	1.291216
2007	青海	0.925316	1.504315	0.615108	1.194783
2008	青海	1.202081	1.039265	1.156665	1.436226
2009	青海	0.83898	0.632787	1.32585	1.204965
2010	青海	1.028456	0.335772	3.062963	1.239253
2011	青海	1.107312	14.047689	0.078825	1.37224
2012	青海	0.92015	0.295107	3.118018	1.262666
2013	青海	0.936698	1.196541	0.782839	1.182737
2014	青海	1.06155	1.070195	0.991923	1.255535
2015	青海	1.015939	0.910577	1.115709	1.275547
2016	青海	1.008348	0.908775	1.109568	1.286195
2017	青海	0.829992	1.134846	0.73137	1.067531
	青海	1.010595857	1.868164929	1.236226643	1.226708
2004	山东	1	1	1	1
2005	山东	0.428842	0.274526	1.562118	0.428842
2006	山东	1.149324	1.095971	1.048681	0.492878
2007	山东	1.048287	1.397471	0.750132	0.516678
2008	山东	1.1371	0.772249	1.472452	0.587515

年份	省份	ML（Malmquist 指数）	EC 技术效率指数	TC 技术进步指数	绿色全要素生产率
2009	山东	0.946832	1.203545	0.786703	0.556278
2010	山东	0.98909	0.148904	6.642478	0.550209
2011	山东	1.079616	5.821465	0.185454	0.594014
2012	山东	0.972064	0.833643	1.166044	0.57742
2013	山东	0.962352	1.054778	0.912374	0.555681
2014	山东	0.946085	0.896226	1.055632	0.525721
2015	山东	0.971665	0.97479	0.996794	0.510825
2016	山东	0.987752	0.984199	1.003611	0.504569
2017	山东	1.053719	0.929475	1.133671	0.531673
	山东	0.976623429	1.241945857	1.408296	0.566593
2004	山西	1	1	1	1
2005	山西	1.118455	1.43166	0.78123	1.118455
2006	山西	1.116868	0.857734	1.302115	1.249167
2007	山西	1.440663	2.094459	0.687845	1.799628
2008	山西	1.216862	0.68753	1.769904	2.189899
2009	山西	0.913347	1.454483	0.627953	2.000138
2010	山西	1.329202	1	1.329202	2.658587
2011	山西	1.76407	1	1.76407	4.689934
2012	山西	0.634264	1	0.634264	2.974656
2013	山西	0.861335	0.632607	1.361564	2.562175
2014	山西	0.862028	0.901112	0.956627	2.208667
2015	山西	0.813173	0.78747	1.032641	1.796028
2016	山西	0.897748	0.902428	0.994814	1.612381
2017	山西	2.908703	2.468546	1.178306	4.689937
	山西	1.205479857	1.158430643	1.101466786	2.324975
2004	陕西	1	1	1	1

年份	省份	ML （Malmquist 指数）	EC 技术效率指数	TC 技术进步指数	绿色全要素 生产率
2005	陕西	0.903011	1.070878	0.843243	0.903011
2006	陕西	0.914185	1.175953	0.777399	0.825519
2007	陕西	0.918432	1.584401	0.579671	0.758183
2008	陕西	0.953856	0.874619	1.090596	0.723198
2009	陕西	0.866499	1.053559	0.822449	0.62665
2010	陕西	1.151445	0.170717	6.744756	0.721553
2011	陕西	1.182639	10.608463	0.111481	0.853337
2012	陕西	1.029904	0.593842	1.734306	0.878855
2013	陕西	0.932991	1.683949	0.554049	0.819964
2014	陕西	0.991257	1	0.991257	0.812795
2015	陕西	0.920076	1	0.920076	0.747833
2016	陕西	1.037054	0.650411	1.59446	0.775543
2017	陕西	1.135169	1.53749	0.738326	0.880373
	陕西	0.995465571	1.714591571	1.321576357	0.809058
2004	上海	1	1	1	1
2005	上海	0.949498	0.983332	0.965593	0.949498
2006	上海	1.026952	1.116664	0.919661	0.975089
2007	上海	1.024485	1	1.024485	0.998964
2008	上海	1.334235	0.732213	1.822196	1.332853
2009	上海	1.099624	1.006504	1.092518	1.465637
2010	上海	1.014126	0.221325	4.582074	1.48634
2011	上海	1.130471	4.607037	0.245379	1.680265
2012	上海	0.823326	0.804527	1.023367	1.383406
2013	上海	1.041428	0.897504	1.160361	1.440717
2014	上海	1.105634	0.854116	1.294476	1.592906
2015	上海	1.183206	1.071223	1.104538	1.884736

续表

年份	省份	ML （Malmquist 指数）	EC 技术效率指数	TC 技术进步指数	绿色全要素 生产率
2016	上海	1.020148	1.00613	1.013933	1.92271
2017	上海	1.089216	0.992669	1.09726	2.094246
	上海	1.060167786	1.163803143	1.310417214	1.443383
2004	四川	1	1	1	1
2005	四川	1.080524	1.149937	0.939638	1.080524
2006	四川	1.071619	1.108686	0.966567	1.15791
2007	四川	1.09431	1.355573	0.807268	1.267113
2008	四川	1.086521	0.818548	1.327375	1.376744
2009	四川	0.916415	0.784741	1.167793	1.261669
2010	四川	1.247266	0.164562	7.57931	1.573637
2011	四川	1.208756	7.779672	0.155374	1.902143
2012	四川	1.047414	0.804407	1.302094	1.992332
2013	四川	0.971617	1.30572	0.744123	1.935783
2014	四川	0.997191	1.107406	0.900475	1.930346
2015	四川	1.114761	1.211623	0.920056	2.151874
2016	四川	1.033284	0.989958	1.043765	2.223497
2017	四川	1.207839	1.161433	1.039955	2.685626
	四川	1.0769655	1.481590429	1.420985214	1.681371
2004	天津	1	1	1	1
2005	天津	1	1	1	1
2006	天津	0.780348	1	0.780348	0.780348
2007	天津	0.871695	1	0.871695	0.680225
2008	天津	1.090911	1	1.090911	0.742065
2009	天津	0.912962	1	0.912962	0.677478
2010	天津	1.227657	1	1.227657	0.83171
2011	天津	1.202343	1	1.202343	1.000001

年份	省份	*ML*（Malmquist 指数）	*EC*技术效率指数	*TC*技术进步指数	绿色全要素生产率
2012	天津	1	1	1	1.000001
2013	天津	1	1	1	1.000001
2014	天津	1	1	1	1.000001
2015	天津	1	1	1	1.000001
2016	天津	0.929082	1	0.929082	0.929083
2017	天津	1.076331	1	1.076331	1.000001
	天津	1.0065235	1	1.0065235	0.902922
2004	新疆	1	1	1	1
2005	新疆	1.208957	1.313725	0.920251	1.208957
2006	新疆	0.985846	2.128059	0.46326	1.191845
2007	新疆	0.820976	0.52589	1.561116	0.978476
2008	新疆	1.060825	0.871858	1.216741	1.037992
2009	新疆	0.866648	0.508144	1.705518	0.899574
2010	新疆	1.12741	0.436039	2.585571	1.014189
2011	新疆	0.876	2.950798	0.296869	0.888429
2012	新疆	0.894415	0.672172	1.330634	0.794624
2013	新疆	0.923142	1.308423	0.705538	0.733551
2014	新疆	0.993526	1.311184	0.757732	0.728802
2015	新疆	0.857279	0.73957	1.159159	0.624787
2016	新疆	0.973677	0.828336	1.175461	0.608341
2017	新疆	1.243143	1.298068	0.957687	0.756254
	新疆	0.987988857	1.135161857	1.131109786	0.890416
2004	云南	1	1	1	1
2005	云南	0.82374	0.774265	1.063899	0.82374
2006	云南	1.109554	1.036212	1.070779	0.913984
2007	云南	1.029767	1.304253	0.789545	0.941191

年份	省份	ML（Malmquist 指数）	EC 技术效率指数	TC 技术进步指数	绿色全要素生产率
2008	云南	0.932769	0.833498	1.119102	0.877913
2009	云南	0.789651	0.680163	1.160973	0.693245
2010	云南	1.045448	0.428958	2.437183	0.724752
2011	云南	1.007612	2.566197	0.392648	0.730269
2012	云南	0.928404	0.899384	1.032267	0.677984
2013	云南	0.959065	1.151056	0.833204	0.650231
2014	云南	1.01518	1.206844	0.841186	0.660102
2015	云南	0.961175	1.22838	0.782474	0.634473
2016	云南	1.004376	0.851335	1.179767	0.63725
2017	云南	0.982642	1.050537	0.935372	0.626188
	云南	0.970670214	1.072220143	1.045599929	0.756523
2004	浙江	1	1	1	1
2005	浙江	0.206037	1	0.206037	0.206037
2006	浙江	1.067577	1	1.067577	0.21996
2007	浙江	1.085274	1	1.085274	0.238717
2008	浙江	1.05016	1	1.05016	0.250691
2009	浙江	0.983679	1	0.983679	0.2466
2010	浙江	1.883049	0.172393	10.923013	0.464359
2011	浙江	0.638224	5.800704	0.110025	0.296365
2012	浙江	1.26705	1	1.26705	0.37551
2013	浙江	1.033314	1	1.033314	0.388019
2014	浙江	1.026152	1	1.026152	0.398167
2015	浙江	0.987817	1	0.987817	0.393316
2016	浙江	1.085808	1	1.085808	0.427066
2017	浙江	1.169963	1	1.169963	0.499651
	浙江	1.034578857	1.283792643	1.642562071	0.386033

年份	省份	ML （Malmquist 指数）	EC 技术效率指数	TC 技术进步指数	绿色全要素 生产率
2004	重庆	1	1	1	1
2005	重庆	1.126604	2.160634	0.521423	1.126604
2006	重庆	1.143889	1	1.143889	1.28871
2007	重庆	0.999633	1	0.999633	1.288237
2008	重庆	1.042139	1	1.042139	1.342522
2009	重庆	1.043115	1	1.043115	1.400405
2010	重庆	1.060767	0.053569	19.80186	1.485503
2011	重庆	1.056269	9.30349	0.113535	1.569091
2012	重庆	1.080732	0.967529	1.117001	1.695767
2013	重庆	1.045896	1.018262	1.027139	1.773596
2014	重庆	1.026634	0.99276	1.03412	1.820834
2015	重庆	1.021315	1.030729	0.990866	1.859645
2016	重庆	1.10138	1.990341	0.553362	2.048176
2017	重庆	1.051467	0.572658	1.836116	2.153589
	重庆	1.057131429	1.649283714	2.301728429	1.560906

附录 4

生产性服务业分省份绿色全要素生产率

年份	省份	ML（Malmquist 指数）	EC 技术效率指数	TC 技术进步指数	绿色全要素生产率
2004	安徽	1	1	1	1
2005	安徽	0.762834	0.388077	1.965677	0.762834
2006	安徽	1.015642	1.019685	0.996035	0.774766
2007	安徽	0.974422	0.750349	1.298626	0.754949
2008	安徽	1.003196	0.813847	1.23266	0.757362
2009	安徽	0.865576	0.996546	0.868576	0.655554
2010	安徽	0.907541	0.919731	0.986747	0.594943
2011	安徽	1.138358	1.114691	1.021232	0.677258
2012	安徽	0.925933	0.817796	1.13223	0.627095
2013	安徽	0.988589	1.190653	0.830292	0.619939
2014	安徽	1.03971	0.900248	1.154914	0.644557
2015	安徽	1.115434	1.113857	1.001416	0.718961
2016	安徽	1.119319	0.926527	1.208081	0.804747
2017	安徽	1.178009	1.040223	1.132458	0.947999
	安徽	1.002469	0.928016	1.130639	0.73864
2004	北京	1	1	1	1
2005	北京	1.162267	1	1.162267	1.162267
2006	北京	1.070093	1	1.070093	1.243734
2007	北京	0.996372	1	0.996372	1.239222

续表

年份	省份	ML（Malmquist 指数）	EC 技术效率指数	TC 技术进步指数	绿色全要素生产率
2008	北京	1.068015	1	1.068015	1.323507
2009	北京	0.971465	1	0.971465	1.285741
2010	北京	1.057096	1	1.057096	1.359152
2011	北京	1.137014	1	1.137014	1.545374
2012	北京	1.059489	1	1.059489	1.637307
2013	北京	1.172861	1	1.172861	1.920334
2014	北京	1.057902	1	1.057902	2.031525
2015	北京	1.114158	1	1.114158	2.26344
2016	北京	1.127848	1	1.127848	2.552816
2017	北京	1.359811	1	1.359811	3.471347
	北京	1.096742	1	1.096742	1.71684
2004	福建	1	1	1	1
2005	福建	1.038872	1	1.038872	1.038872
2006	福建	0.66973	0.431439	1.552319	0.695764
2007	福建	1.101205	0.950853	1.158123	0.766179
2008	福建	1.059504	1.019654	1.039082	0.811769
2009	福建	1.107734	1.016238	1.090034	0.899224
2010	福建	1.322825	2.352446	0.562319	1.189516
2011	福建	1.124293	1	1.124293	1.337365
2012	福建	1.552486	1	1.552486	2.07624
2013	福建	0.798533	1	0.798533	1.657947
2014	福建	1.515499	1	1.515499	2.512616
2015	福建	1.149446	1	1.149446	2.888117
2016	福建	1.191805	1	1.191805	3.442072
2017	福建	1.230058	1	1.230058	4.233948
	福建	1.132999	1.055045	1.143062	1.753545

年份	省份	ML（Malmquist 指数）	EC 技术效率指数	TC 技术进步指数	绿色全要素生产率
2005	甘肃	1	1	1	1
2006	甘肃	1.225694	1.235424	0.992124	1.225694
2007	甘肃	1.016092	2.427964	0.418496	1.245418
2008	甘肃	1.162951	1	1.162951	1.44836
2009	甘肃	1.076715	1	1.076715	1.559471
2010	甘肃	0.981548	0.593285	1.654429	1.530696
2011	甘肃	1.679052	0.922045	1.821007	2.570117
2012	甘肃	1.136883	1.078394	1.054237	2.921923
2013	甘肃	0.930392	0.782969	1.188287	2.718534
2014	甘肃	0.945817	0.947929	0.997772	2.571235
2015	甘肃	1.122912	0.961757	1.167563	2.887271
2016	甘肃	0.989381	0.867564	1.140413	2.856611
2017	甘肃	1.565097	1.412111	1.108339	4.470873
	甘肃	1.140964	1.094572	1.137103	2.231246
2004	广东	1	1	1	1
2005	广东	0.543496	1	4.543496	0.543496
2006	广东	1.253015	1	1.253015	1.693069
2007	广东	1.704388	1	1.704388	2.703198
2008	广东	0.774682	1	0.774682	1.516893
2009	广东	0.948032	1	0.948032	1.126255
2010	广东	1.043402	1	1.043402	1.435549
2011	广东	1.304973	1	1.304973	2.70319
2012	广东	1	1	1	2.70319
2013	广东	0.639371	1	0.639371	1.203938
2014	广东	0.941229	1	0.941229	1.839327
2015	广东	1.199325	1	1.199325	1.003251

年份	省份	ML（Malmquist 指数）	EC 技术效率指数	TC 技术进步指数	绿色全要素生产率
2016	广东	1.385525	1	1.385525	2.703179
	广东	1.338388	1	1.338388	2.013426
2004	广西	1	1	1	1
2005	广西	0.897831	0.861296	1.042419	0.897831
2006	广西	0.910509	0.817398	1.113912	0.817483
2007	广西	1.055179	0.852377	1.237925	0.862591
2008	广西	1.050779	0.597219	1.759453	0.906393
2009	广西	0.933653	1.15783	0.806382	0.846256
2010	广西	1.074287	1.311277	0.819268	0.909122
2011	广西	1.020407	0.970479	1.051447	0.927674
2012	广西	1.132398	0.992947	1.140442	1.050497
2013	广西	3.568544	1.907207	1.871084	3.748744
2014	广西	0.957072	1	0.957072	3.587818
2015	广西	1.022919	1	1.022919	3.670047
2016	广西	1.713596	1	1.713596	6.288978
2017	广西	1	1	1	6.288978
	广西	1.23837	1.033431	1.181137	2.271601
2008	贵州	1	1	1	1
2009	贵州	1.091396	0.975636	1.11865	1.091396
2010	贵州	1.043149	1.036045	1.006857	1.138489
2011	贵州	1.24296	1.069493	1.162195	1.415096
2012	贵州	1.264524	1.152837	1.09688	1.789423
2013	贵州	0.961649	0.981861	0.979415	1.720797
2014	贵州	0.457285	0.376449	1.214732	0.786894
2015	贵州	1.211991	1.084546	1.11751	0.953709
2016	贵州	1.099458	0.956173	1.149853	1.048563

续表

年份	省份	ML （Malmquist 指数）	EC 技术效率指数	TC 技术进步指数	绿色全要素 生产率
2017	贵州	1.189268	1.096603	1.084503	1.247022
	贵州	1.056168	0.972964	1.09306	1.219139
2004	河北	1	1	1	1
2005	河北	0.876581	1	0.876581	0.876581
2006	河北	1.152235	1	1.152235	1.010027
2007	河北	1.03925	1	1.03925	1.049671
2008	河北	0.948577	1	0.948577	0.995694
2009	河北	1.127273	1	1.127273	1.122419
2010	河北	0.927342	1	0.927342	1.040866
2011	河北	1.16101	1	1.16101	1.208456
2012	河北	1.026962	1	1.026962	1.241038
2013	河北	1.085608	1	1.085608	1.347281
2014	河北	1.048405	1	1.048405	1.412496
2015	河北	1.064068	1	1.064068	1.502992
2016	河北	1.182201	1	1.182201	1.776838
2017	河北	1.933461	1	1.933461	3.435448
	河北	1.112355	1	1.112355	1.358558
2004	河南	1	1	1	1
2005	河南	0.733758	0.684038	1.072685	0.733758
2006	河南	1.147103	1.169518	0.980834	0.841696
2007	河南	1.15303	1.392264	0.828169	0.970501
2008	河南	1.100286	1.027241	1.071108	1.067828
2009	河南	1.058524	0.999341	1.059221	1.130322
2010	河南	0.557491	0.4566	1.220961	0.630144
2011	河南	1.44764	1.233762	1.173354	0.912222
2012	河南	1.112508	0.983105	1.131628	1.014854

年份	省份	ML（Malmquist 指数）	EC技术效率指数	TC技术进步指数	绿色全要素生产率
2013	河南	1.043228	0.845467	1.233907	1.058725
2014	河南	2.23123	2.081062	1.072159	2.362258
2015	河南	1.03691	0.918714	1.128653	2.449449
2016	河南	1.082412	1.010778	1.07087	2.651313
2017	河南	1.012371	0.939071	1.078055	2.684112
	河南	1.122607	1.052926	1.080115	1.39337
2004	黑龙江	1	1	1	1
2005	黑龙江	0.743167	0.68941	1.077975	0.743167
2006	黑龙江	1.040338	1.007105	1.032998	0.773145
2007	黑龙江	1.268594	1.117275	1.135435	0.980807
2008	黑龙江	1.17206	1.121327	1.045244	1.149565
2009	黑龙江	1.032803	0.980115	1.053757	1.187274
2010	黑龙江	1.379501	1.242148	1.110577	1.637845
2011	黑龙江	0.900498	0.749204	1.201939	1.474876
2012	黑龙江	0.950867	0.850555	1.117937	1.402411
2013	黑龙江	0.82966	0.888886	0.93337	1.163525
2014	黑龙江	1.377906	1.323904	1.040791	1.603228
2015	黑龙江	0.875128	0.805044	1.087057	1.403029
2016	黑龙江	0.959309	0.837167	1.1459	1.345939
2017	黑龙江	1.380463	1.288822	1.071105	1.858018
	黑龙江	1.065021	0.992926	1.075292	1.265916
2004	湖北	1	1	1	1
2005	湖北	1.773129	1.297053	1.367044	1.773129
2006	湖北	2.411967	2.809253	0.858579	2.276729
2007	湖北	1.337488	0.993757	1.345891	2.720073
2008	湖北	1.122649	1.089571	1.030359	2.421634

年份	省份	*ML* （Malmquist 指数）	*EC* 技术效率指数	*TC* 技术进步指数	绿色全要素 生产率
2009	湖北	0.998515	1.06422	0.93826	2.412098
2010	湖北	1.010796	0.957088	1.056116	2.481323
2011	湖北	0.740677	0.721401	1.026721	2.800567
2012	湖北	1.06372	0.995873	1.068128	1.106459
2013	湖北	1.39625	1.364383	1.023356	1129894
2014	湖北	1.293048	1.236727	1.04554	2.219295
2015	湖北	0.227239	1.086735	1.12929	2.31428
2016	湖北	1.184587	1.060095	1.117435	1.40275
2017	湖北	1.099302	1.001865	1.097255	1.73367
	湖北	1.261383	1.191287	1.078855	1.985135
2004	湖南	1	1	1	1
2005	湖南	1.337682	1.085562	1.232248	1.337682
2006	湖南	1.07818	1.983464	0.543584	1.442262
2007	湖南	0.916278	0.778956	1.17629	1.321513
2008	湖南	0.888844	0.319095	2.785512	1.174619
2009	湖南	0.93929	1.019929	0.920937	1.103308
2010	湖南	1.027718	1.044379	0.984047	1.133889
2011	湖南	1.070434	1.035946	1.033291	1.213754
2012	湖南	1.003459	0.903329	1.110846	1.217952
2013	湖南	1.034807	1.127711	0.917617	1.260345
2014	湖南	1.090126	0.91796	1.187553	1.373935
2015	湖南	1.074929	1.016507	1.057473	1.476883
2016	湖南	1.015548	0.888112	1.143491	1.499845
2017	湖南	1.13866	1.026076	1.109724	1.707814
	湖南	1.043997	1.010502	1.15733	1.304557
2005	吉林	1	1	1	1

年份	省份	*ML*（Malmquist 指数）	*EC*技术效率指数	*TC*技术进步指数	绿色全要素生产率
2006	吉林	0. 309718	0. 493398	0. 627724	0. 309718
2007	吉林	1. 179833	1. 065848	1. 106943	0. 365416
2008	吉林	1. 053077	0. 856926	1. 228901	0. 384811
2009	吉林	1. 171125	1. 074127	1. 090304	0. 450661
2010	吉林	1. 179519	1. 039027	1. 135214	0. 531564
2011	吉林	1. 198635	1. 065231	1. 125235	0. 637151
2012	吉林	1. 290798	1. 172349	1. 101036	0. 822433
2013	吉林	1. 113076	0. 978399	1. 13765	0. 91543
2014	吉林	1. 055331	1. 030099	1. 024494	0. 966082
2015	吉林	1. 169293	1. 117032	1. 046785	1. 129633
2016	吉林	1. 019096	0. 884153	1. 152624	1. 151205
2017	吉林	1. 360434	1. 236022	1. 100656	1. 566138
	吉林	1. 08461	1. 00097	1. 067505	0. 786942
2004	江苏	1	1	1	1
2005	江苏	1. 246896	1. 021793	1. 220302	1. 246896
2006	江苏	1. 210613	1. 341473	0. 90245	1. 509509
2007	江苏	1. 193883	0. 908835	1. 313642	1. 802177
2008	江苏	1. 168352	1. 228697	0. 950887	2. 105577
2009	江苏	1. 024155	1. 133427	0. 903592	2. 156437
2010	江苏	1. 110937	1. 154098	0. 962603	2. 395665
2011	江苏	1. 067416	0. 895028	1. 192607	2. 557172
2012	江苏	1. 000817	0. 898172	1. 114281	2. 559261
2013	江苏	1. 190212	1. 448601	0. 821628	3. 046063
2014	江苏	1. 076486	1	1. 076486	3. 279044
2015	江苏	1. 121464	1	1. 121464	3. 67733
2016	江苏	1. 319093	1	1. 319093	2. 85074

年份	省份	ML（Malmquist 指数）	EC 技术效率指数	TC 技术进步指数	绿色全要素生产率
2017	江苏	1.290344	1	1.290344	2.259123
	江苏	1.144333	1.07358	1.084956	2.046071
2004	江西	1	1	1	1
2005	江西	1.094561	0.93209	1.174308	1.094561
2006	江西	1.107392	1.17333	0.943802	1.212108
2007	江西	1.152474	0.91797	1.25546	1.396923
2008	江西	1.200579	1.257146	0.955004	1.677116
2009	江西	1.025215	1.091193	0.939536	1.719405
2010	江西	1.02982	0.99248	1.037623	1.770678
2011	江西	1.225565	1.117711	1.096495	2.170081
2012	江西	1.126429	0.901469	1.249549	2.444442
2013	江西	0.997342	0.884295	1.127838	2.437944
2014	江西	1.05725	1.019478	1.03705	2.577517
2015	江西	1.058494	0.963106	1.099042	2.728286
2016	江西	1.105354	1.028759	1.074453	3.015722
2017	江西	1.034935	0.961148	1.07677	3.121076
	江西	1.086815	1.017155	1.076209	2.026133
2004	辽宁	1	1	1	1
2005	辽宁	0.475982	0.441936	1.077038	0.475982
2006	辽宁	1.670439	1.585041	1.053877	0.795099
2007	辽宁	2.06371	1.600581	1.28935	1.640854
2008	辽宁	0.642407	0.543826	1.181272	1.054096
2009	辽宁	0.593132	0.738646	0.802999	0.625218
2010	辽宁	1.803536	1.899309	0.949575	1.127603
2011	辽宁	1.100256	1.026427	1.071929	1.240652
2012	辽宁	1.070815	0.957351	1.118519	1.328509

年份	省份	ML（Malmquist 指数）	EC技术效率指数	TC技术进步指数	绿色全要素生产率
2013	辽宁	1.153006	1.572447	0.733256	1.531779
2014	辽宁	1.094399	0.764624	1.43129	1.676377
2015	辽宁	1.417578	1.313153	1.079523	2.376395
2016	辽宁	1.300891	1.201275	1.082925	3.091431
2017	辽宁	1.10151	0.836981	1.316051	3.405242
	辽宁	1.17769	1.105828	1.084829	1.526374
2004	内蒙古	1	1	1	1
2005	内蒙古	0.784239	0.740677	1.058813	0.784239
2006	内蒙古	1.023701	1.069961	0.956765	0.802826
2007	内蒙古	1.139659	1.057142	1.078056	0.914948
2008	内蒙古	1.078566	1.107602	0.973785	0.986832
2009	内蒙古	1.283646	1.149513	1.116687	1.266743
2010	内蒙古	1.110954	1.143237	0.971762	1.407293
2011	内蒙古	1.166857	0.977875	1.193258	1.64211
2012	内蒙古	1.002372	0.865995	1.15748	1.646005
2013	内蒙古	0.981433	1.084591	0.904888	1.615444
2014	内蒙古	1.178019	0.926487	1.27149	1.903023
2015	内蒙古	1.068131	1.011189	1.062089	1.269951
2004	宁夏	1	1	1	1
2005	宁夏	0.944273	0.753415	1.253323	0.944273
2006	宁夏	1.141174	1.122752	1.016407	1.07758
2007	宁夏	1.38584	1.548261	0.895095	1.493353
2008	宁夏	0.971849	0.883658	1.099802	1.451314
2009	宁夏	1.092478	1.055671	1.034865	1.585528
2010	宁夏	1.177541	0.96793	1.216557	1.867025
2011	宁夏	1.161802	1.060019	1.09602	2.169113

年份	省份	*ML*（Malmquist 指数）	*EC* 技术效率指数	*TC* 技术进步指数	绿色全要素生产率
2012	宁夏	1.052446	1.029372	1.022416	2.282874
2013	宁夏	1.026917	0.914284	1.123193	2.344322
2014	宁夏	1.253753	2.076972	0.603645	2.939201
2015	宁夏	1.108937	0.612753	1.809763	3.259389
2016	宁夏	1.055945	0.88105	1.198507	3.441736
2017	宁夏	1.034641	0.867767	1.192303	3.560961
	宁夏	1.100543	1.055279	1.111564	2.101191
2004	青海	1	1	1	1
2005	青海	0.89167	0.854016	1.04409	0.89167
2006	青海	1.01989	1.02655	0.993512	0.909405
2007	青海	1.146132	1.276292	0.898018	1.042299
2008	青海	1.033325	0.788646	1.310252	1.077033
2009	青海	1.087811	0.998074	1.08991	1.171608
2010	青海	1.094261	1.080383	1.012846	1.282045
2011	青海	1.057877	0.896189	1.180417	1.356246
2012	青海	1.117955	1.058535	1.056134	1.516222
2013	青海	1.163069	1.032754	1.126181	1.763471
2014	青海	1.163434	0.963426	1.2076	2.051683
2015	青海	1.722083	1.582188	1.088419	3.533168
2016	青海	0.704467	0.654272	1.076719	2.489
2017	青海	1.053683	0.98101	1.07408	2.622617
	青海	1.08969	1.013738	1.082727	1.621891
2004	山东	1	1	1	1
2005	山东	0.695046	0.635681	1.093388	0.695046
2006	山东	1.196533	1.176012	1.01745	0.831645
2007	山东	1.134814	1.129284	1.004896	0.943763

年份	省份	ML （Malmquist 指数）	EC 技术效率指数	TC 技术进步指数	绿色全要素 生产率
2008	山东	1.135609	1.233649	0.920528	1.071746
2009	山东	0.715122	0.508809	1.405482	0.766429
2010	山东	2.486923	2.015673	1.233793	1.90605
2011	山东	1.054555	1.067438	0.987931	2.010034
2012	山东	1.034027	0.898495	1.150843	2.07843
2013	山东	1.059196	1.116445	0.948722	2.201464
2014	山东	1.172688	1.102709	1.063461	2.581631
2015	山东	1.013246	0.894614	1.132607	2.615827
2016	山东	1.135625	1.058335	1.07303	2.970599
2017	山东	1.135449	1.052872	1.078431	3.372963
	山东	1.140631	1.063573	1.079326	1.788973
2010	山西	1	1	1	1
2011	山西	0.994536	0.89053	1.116791	0.994536
2012	山西	1.112018	0.982092	1.132295	1.105942
2013	山西	0.957249	0.799771	1.196903	1.058662
2014	山西	1.667511	1.335881	1.248248	1.527983
2015	山西	1.001273	0.909735	1.10062	1.767577
2016	山西	1.251242	1.164981	1.074045	2.211667
2017	山西	1.496086	1.391994	1.074779	3.308844
	山西	1.184989	1.059373	1.11796	1.621901
2004	陕西	1	1	1	1
2005	陕西	0.803046	1	0.803046	0.803046
2006	陕西	0.806381	1	0.806381	0.647561
2007	陕西	1.205556	1	1.205556	0.780671
2008	陕西	0.580857	0.49541	1.172478	0.453458
2009	陕西	1.019481	0.919875	1.108282	0.462292

续表

年份	省份	*ML*（Malmquist 指数）	*EC*技术效率指数	*TC*技术进步指数	绿色全要素生产率
2010	陕西	1.121587	0.848577	1.321726	0.518501
2011	陕西	1.202517	1.006117	1.195206	0.623506
2012	陕西	1.358574	1.41895	0.95745	0.847079
2013	陕西	1.040671	1.811339	0.574532	0.881531
2014	陕西	1.075856	0.441776	2.435299	0.9484
2015	陕西	1.016116	0.91119	1.115153	0.963684
2016	陕西	1.10019	1.020625	1.077956	1.060236
2017	陕西	1.067858	0.956993	1.115847	1.132181
	陕西	1.028478	0.987918	1.134922	0.794439
2004	上海	1	1	1	1
2005	上海	0.783772	1	0.783772	0.783772
2006	上海	1.000322	1	1.000322	0.784024
2007	上海	1.110383	1	1.110383	0.870567
2008	上海	1.039475	1	1.039475	0.904933
2009	上海	1.122927	1	1.122927	1.016174
2010	上海	1.009374	1	1.009374	1.025699
2011	上海	1.174864	1	1.174864	1.205057
2012	上海	1.118474	1	1.118474	1.347825
2013	上海	1.007718	1	1.007718	1.358228
2014	上海	1.172484	1	1.172484	1.5925
2015	上海	1.104182	1	1.104182	1.75841
2016	上海	1.157978	1	1.157978	2.0362
2017	上海	1.069906	1	1.069906	2.178543
	上海	1.062276	1	1.062276	1.275852
2004	四川	1	1	1	1
2005	四川	1.202954	2.088961	0.575863	1.202954

年份	省份	*ML*（Malmquist 指数）	*EC*技术效率指数	*TC*技术进步指数	绿色全要素生产率
2006	四川	1.06521	1	1.06521	1.281399
2007	四川	0.949859	1	0.949859	1.217148
2008	四川	1.019748	1	1.019748	1.241184
2009	四川	1.025342	1	1.025342	1.272638
2010	四川	1.178042	1	1.178042	1.499221
2011	四川	1.343667	1	1.343667	2.014454
2012	四川	1.134546	1	1.134546	2.285491
2013	四川	1.029572	0.788701	1.305403	2.353078
2014	四川	1.153804	1.267908	0.910006	2.71499
2015	四川	1.086087	1	1.086087	2.948716
2016	四川	1.25367	0.876434	1.430421	3.696717
2017	四川	0.971249	0.498272	1.949235	3.590432
	四川	1.100982	1.037163	1.140959	2.022744
2004	天津	1	1	1	1
2005	天津	0.3082	1	0.3082	0.3082
2006	天津	0.983649	1	0.983649	0.303161
2007	天津	0.981725	1	0.981725	0.29762
2008	天津	2.812762	1	2.812762	0.837135
2009	天津	0.395655	1	0.395655	0.331217
2010	天津	1.030519	1	1.030519	0.341325
2011	天津	1.044561	1	1.044561	0.356535
2012	天津	1.158613	1	1.158613	0.413086
2013	天津	0.804364	1	0.804364	0.332272
2014	天津	1.325578	1	1.325578	0.440452
2015	天津	1.101144	1	1.101144	0.485001
2016	天津	1.407015	1	1.407015	0.682404

年份	省份	ML （Malmquist 指数）	EC 技术效率指数	TC 技术进步指数	绿色全要素 生产率
2017	天津	1.465406	1	1.465406	0.999998
	天津	1.129942	1	1.129942	0.509172
2004	新疆	1	1	1	1
2005	新疆	0.906245	0.852222	1.063392	0.906245
2006	新疆	1.023063	1.015159	1.007786	0.927146
2007	新疆	1.253818	1.463792	0.856555	1.162472
2008	新疆	1.525421	1.367814	1.115226	1.773259
2009	新疆	1.159637	1.008647	1.149696	2.056337
2010	新疆	1.023606	0.907697	1.127696	2.104879
2011	新疆	1.097877	0.99894	1.099041	2.310898
2012	新疆	1.023004	0.984139	1.039492	2.364058
2013	新疆	1.013988	0.830098	1.221528	2.397126
2014	新疆	1.094432	1.064452	1.028165	2.623492
2015	新疆	1.013795	0.880189	1.151792	2.659683
2016	新疆	0.994574	0.903233	1.101127	2.645252
2017	新疆	2.201469	2.186319	1.006929	5.823439
	新疆	1.166495	1.104479	1.069173	2.196735
2004	云南	1	1	1	1
2005	云南	0.933114	0.745624	1.251454	0.933114
2006	云南	1.333298	1.73065	0.770403	1.244119
2007	云南	1.616403	1.471682	1.098337	2.010998
2008	云南	1	1	1	1
2009	云南	1	1	1	1
2010	云南	1	1	1	1
2011	云南	1	1	1	1
2012	云南	0.970506	0.724365	1.339802	1.951685

年份	省份	*ML*（Malmquist 指数）	*EC*技术效率指数	*TC*技术进步指数	绿色全要素生产率
2013	云南	1.067607	0.728245	1.466	2.083633
2014	云南	2.977818	3.212388	0.92698	6.20468
2015	云南	0.362949	0.273877	1.325226	2.251982
2016	云南	1.051955	0.942438	1.116206	2.368984
2017	云南	4.462371	3.874278	1.151794	10.57129
	云南	1.412573	1.335968	1.1033	2.472891
2004	浙江	1	1	1	1
2005	浙江	1.895176	1.461178	1.297019	1.895176
2006	浙江	0.653386	0.719797	0.907737	1.238281
2007	浙江	1.676496	1.389281	1.206736	2.075974
2008	浙江	0.728497	0.739553	0.985052	1.512341
2009	浙江	1.040379	1.185181	0.877823	1.573408
2010	浙江	1.068245	1.140896	0.936321	1.680785
2011	浙江	1.004853	1	1.004853	1.688942
2012	浙江	1.084096	1	1.084096	1.830975
2013	浙江	0.935411	1	0.935411	1.712714
2014	浙江	1.141501	1	1.141501	1.955065
2015	浙江	1.215752	1	1.215752	2.376874
2016	浙江	1.141019	1	1.141019	2.712058
2017	浙江	1.445958	1	1.445958	3.921522
	浙江	1.145055	1.04542	1.084234	1.941008
2004	重庆	1	1	1	1
2005	重庆	1.001514	1	1.001514	1.001514
2006	重庆	1.085763	1	1.085763	1.087407
2007	重庆	0.998088	1	0.998088	1.085328
2008	重庆	1.056295	0.933684	1.131319	1.146426

续表

年份	省份	ML (Malmquist 指数)	EC 技术效率指数	TC 技术进步指数	绿色全要素生产率
2009	重庆	0.866892	0.39536	2.192667	0.993828
2010	重庆	1.079055	1.065427	1.012791	1.072395
2011	重庆	1.708655	1.579493	1.081774	1.832353
2012	重庆	1.036591	0.87344	1.186791	1.8994
2013	重庆	1.044068	0.798161	1.308091	1.983103
2014	重庆	1.28093	2.309097	0.554732	2.540216
2015	重庆	1.174987	0.690769	1.700983	2.984721
2016	重庆	1.222272	0.957428	1.27662	3.648141
2017	重庆	1.923879	1.512031	1.27238	7.018582
		1.177071	1.079635	1.200251	2.092387

图书在版编目（CIP）数据

生产性服务业与制造业绿色协同演化研究／夏青，
聂晓培著. -- 北京：社会科学文献出版社，2024.3
ISBN 978-7-5228-3360-6

Ⅰ.①生… Ⅱ.①夏… ②聂… Ⅲ.①生产服务-服
务业-关系-制造工业-绿色经济-协调发展-研究-中
国 Ⅳ.①F726.9②F426.4

中国国家版本馆 CIP 数据核字（2024）第 047047 号

生产性服务业与制造业绿色协同演化研究

著　　者／夏　青　聂晓培

出 版 人／冀祥德
责任编辑／贾立平
文稿编辑／赵亚汝
责任印制／王京美

出　　版／社会科学文献出版社·经济与管理分社（010）59367226
　　　　　地址：北京市北三环中路甲 29 号院华龙大厦　邮编：100029
　　　　　网址：www.ssap.com.cn
发　　行／社会科学文献出版社（010）59367028
印　　装／三河市尚艺印装有限公司

规　　格／开　本：787mm × 1092mm　1/16
　　　　　印　张：15　字　数：195 千字
版　　次／2024 年 3 月第 1 版　2024 年 3 月第 1 次印刷
书　　号／ISBN 978-7-5228-3360-6
定　　价／128.00 元

读者服务电话：4008918866